情緒覺察

情緒要上來了，怎麼辦？

從觸發到平靜，轉化關係衝突，找回內在安全感

FROM TRIGGERED *to* TRANQUIL

How Self-Compassion and Mindful Presence Can
Transform elationship Conflicts and Heal Childhood Wounds

蘇珊・坎貝爾 Susan Campbell 著　尤可欣 譯

目次

第二部　將練習應用在關係中

結語

推薦序

當情緒風暴來臨時，就是練習「觸發功課」的時機

諮商心理師 陳志恆

有了孩子之後，很容易為了孩子的事而惱怒，也容易為了孩子的問題而與另一半爭執。最近有好幾次，我從書房走出來，經過女兒的「地盤」，看到她的書桌一團亂，玩具、色筆或紙張等散落一地；來到了客廳，沙發上、地板上隨處可見繪本、畫筆、小卡片和髮夾等，那些都是女兒的東西，我不禁感到煩躁起來。

我向太太抱怨，「講了好多次，女兒怎麼老愛四處亂丟東西呢？」

太太說：「她還是個孩子呀！」

「我知道，可是我已經提醒很多次了！」我又說，「你怎麼都不會生氣呢？」

太太聳聳肩說：「還好吧！」

正當我既煩躁又納悶時，過去，我可能會繼續和太太爭辯，提醒太太重視女兒的問題行為。但現在，我會先將注意力從外在拉回我的身體及內心，關注與連結自己此刻的情緒狀態。

當我覺察到我不對勁時，會先設法讓自己暫停下來，暫時停止對外界做出回應或動作，像是暫停與太太爭辯、暫停碎念孩子。接下來，關注自己的身體感受，包括呼吸、心跳及身體各部位的感覺，不評價也不對抗，就只是靜靜地觀察與體驗，用這種方式陪伴自己；慢慢地，我會回到平靜。

這幾年來，經過一次又一次的自我探索，我慢慢認識到，那些焦躁的情緒來自對於無法掌控的失序感。而過去，一直以來我引以為傲的，就是我的自制力，總是能把一切井然有序地掌握在手裡，並在學業或工作上爭取好成績，藉此獲得他人的認同與肯定。

一旦遇到會讓我感到失序的情境——像是教養，孩子總是不按排理出牌，我便會感到慌亂，擔心搞砸，然後，我會不被喜愛。當我試著用盡全力，讓一切回到掌握之中卻不可得時，我便加倍焦躁，進而惱怒不已。接著，我開始指責別人不好好配合，控訴他人不夠負責。

事實是，我的情緒和行為反應被觸發了，很直接地連結到過去的某些生存危機，進而啟動一系列的自我保護機制：戰鬥、逃亡或凍結。對我而言，常常是戰鬥，像是和太太激烈爭辯、對孩子碎念指責。

然而，當我能適時地暫停，承認、覺察、允許並陪伴自己的情緒與身體反應時，我也能慢慢平靜下來。當不再煩躁時，我的行動選項變多了，我可以決定：

（一）眼不見為淨，反正也不會影響到我的正常生活；

（二）自己動手把那些雜物全收拾起來，感到清爽舒適；

（三）和太太分享我那焦躁情緒反應背後的觸發機制；

（四）思考如何提醒女兒，練習把自己的東西歸位。

因為有過這些經驗，閱讀《情緒覺察：情緒要上來了，怎麼辦？從觸發到平靜，轉化關係衝突，找回內在安全感》一書讓我很有感。

我們常無意識地受到過去某些經驗的影響，啟動了一系列的情緒反應，陷入情緒風暴中，接著出現戰鬥、逃跑或凍結（可能還有癱瘓）等自我保護機制，作者蘇珊．坎貝爾稱這一系列的過程為觸發（trigger）。

而觸發的源頭常是成長過程中的悲慘或困苦際遇，也就是創傷經驗。我們以為往事已隨風飄散，事實上它們仍陰魂不散，與每個人糾纏不清，甚至帶來更多的困擾。

前一陣子討論度極高的網路影片《山道猴子的一生》，主角為了買檔車、改車、升級裝備及吸引妹子，不斷借錢，導致債台高築，害怕被人瞧不起又愛逞強，最後以悲劇收場。山道猴子的每一次決定都極不理智，其實都是被觸發的結果。

因為被前一任女友劈腿，而對親密關係充滿不安全感，於是嚴密監控現任女友的行蹤。當現任女友提到有人找她外拍，山道猴子立刻起疑心說：「你是不是都這樣背著我和別的男人聊天！」不管女友如何解釋，他都無法接受。

當下，他內在的恐懼被上一段受背叛的情感經驗觸發，於是對現任女友的言詞充滿攻擊性與不信任。直到現任女友終於受不了，也離開了他。但他仍不斷咒罵對方，卻不知問題其實出在自己身上。

影片沒說到的是，或許山道猴子童年就有著一些陰影，不斷觸發他陷入缺乏安全感的情緒風暴中，再做出種種不明智的抉擇。

如果我們要善用前額葉皮質這個人類得天獨厚的寶物，就先得阻斷來自下層腦的情緒衝擊，在平靜安定之下，才有可能理性思考。

正因為創傷無所不在，創傷經驗的影響常不容易覺察或辨識，因此《情緒覺察：情緒要上來了，怎麼辦？從觸發到平靜，轉化關係衝突，找回內在安全感》書中談到的「觸發功課」就顯得格外重要。

如果你發現，你常因為某些小事而勃然大怒，為某些人的言行感到挫折受傷，或在某些處境下而感到委屈不平，進而攻擊或責怪他人，也可能是自我否定、自我傷害，而這類行為或情感模式反覆發生，事後總是讓你懊惱不已，那麼，你很需要去練習「觸發功課」。

本書中，作者蘇珊・坎貝爾將手把手地引導你透過觸發功課五步驟，承認與接納那些觸發反應，回溯與理解過去是如何影響現在的自己，在被觸發時能辨識並及時暫停具破壞性的行為，同時慈悲地陪伴自己的內在。

這需要一次又一次地練習，你也可以與你的家人或伴侶一起練習。逐漸地，你將愈來愈能夠在情緒風暴來臨時回到當下，重獲平靜，然後，你將擁有更多的選項，做出更明智的決定。

陳志恆

諮商心理師、作家，曾任中學輔導教師、輔導主任，目前為臺灣NLP學會副理事長。著有《陪伴孩子高效學習》、《脫癮而出不迷網》、《正向聚焦》、《擁抱刺蝟孩子》、《受傷的孩子和壞掉的大人》、《叛逆有理、獨立無罪》、《此人進廠維修中》等書，為二〇一八—二〇二三年博客來百大暢銷書作家。

序文
觸發、創傷與觸發功課：自我療癒之路

那些未處理完全的情感傷痛和它們引發的反應，常導致我們走向戰爭、對孩子大發雷霆、在高速公路上挑釁他人、送出那封充滿咆哮的電子郵件、從會議中離席、與所愛的人爭吵、做出目光短淺的決定。

這是一本指南書，適合任何曾在成人關係或群體中引起情緒反應、防禦、封閉或崩潰掙扎的人——幾乎每個人都包含在內，讓大家可以幫助自己。那些在童年經驗過的傷害和失望，常常對我們內在的安全感和自信造成一些永久的傷痕，而這些不安全感會在成年後的各種關係中，以「觸發反應」的形式出現。然而，這不一定是件壞事，在本書裡，你將學到處理這些觸發反應的方法，讓你可以療癒童年創傷、與他人產生更深刻的連結、讓你對於做為一個人的意義有更寬廣的體認。

也許你常被人家說太敏感、太過分，因此你早就懷疑自己應該要療癒這方面的問題；或者你對事物並沒有太大或明顯的反應，只是將那些不愉快的感受、那些失望留給自己；又或者你是個脾氣平穩的人，只有在那些挑釁的人針對你而來時才會顯得激動煩躁，所以你覺得自己只需要一些訣竅，去應付那些難搞的人。但即使有些人幾乎不易被觸發，他們仍可能在陰影中存留著一些情緒傷痛，在未來的人際關係中突然爆發出來。

本書教導我們即時覺察，並安撫各種觸發反應，讓我們可以回到當下、保持機敏，而最根本的目的是療癒源自孩童時期的情感創傷，要達到此目的，需要做一種我稱為「觸發功課」（trigger work）的練習。這個功課的起點，就是經歷被觸發後產生的戰鬥（fight）、逃跑（flight）、凍結（freeze）模式——可能會產生憤怒的感受、胸口緊繃或急切想要躲藏等反應，一旦我們注意或覺察到這些反應，就可以學習去探索我們的恐懼、傷痛，還有其他種種不舒服的感受。最後，這些都能幫助我們用一種更寬廣的視野去審視傷痛經驗，且了解經歷傷痛或恐懼並不表示我們哪裡做錯了，事實上，傷痛的情緒反而是讓我們對生命和關係有更深刻認識的一個入口。

為了強調最關鍵的概念，每一章的開頭都會摘錄一到兩句話，而本書中的所有練習皆可獨自完成——即使其中一些觸發反應是由別人引起的。

第二部的章節描述這些練習運用在你各種人際關係上的具體方法，包括親密伴侶、朋友、小孩、同儕、團體，甚至陌生人。

其中許多練習都需要你回憶過去或最近的觸發反應，並注意浮現的各種情緒、感覺、想法。這種回溯是很重要的，理想的情況下，你會熟練處理觸發反應的各種技巧，並學會從容不迫地面對這些反應。練習任何新技巧都能幫助你建立自信，而練習處理觸發反應的技巧也是如此。

多數人衝突的根源

我進入心理治療的領域，是為了幫助人能夠更快樂充實地生活，然後從事這項工作五十五年了，我相信自己已經發現造成大多數人不快樂、衝突、失能的根源——那就是我們不知道如何接受並處理傷痛情緒，以及各種觸發反應，所以把造成這些反應的原因歸咎到別人身上，因而創造了許多不必要的衝突和誤導的行為。如果我們能學習接受並處理生活中各種痛苦的現實——而非責怪、歸咎、否認或壓抑，這個世界就會成為一個更合理、安全、友善的地方。我們那些未處理完全的情感傷痛和它們引發的反應，常導致我們走向戰爭、對孩子大發雷霆、在高速公路上挑釁他人、送出那封充滿咆哮的電子郵件、從會議中離席、與所愛的人爭吵、做出目光短淺的決定。而那些看不見或內在的觸發反應，讓我們過度害羞，以致不敢提出約會邀請、在工作中害怕為自己發聲、與伴侶相處如履薄冰或對團體演說時怯場。

我們被觸發的次數其實比我們意識到的要多得多。處在觸發狀態下，我們的決定都是來自大腦錯誤的部位「原始爬蟲腦」（primitive lizard brain），而不是較進化的前額葉皮質（prefrontal cortex）——幫助我們看見更長遠的結果、產生更多觀點。所以，當我們應對任何外部問題前，必須學習如何不被觸發，重新讓較高階的大腦部位發揮作用。

當我們被觸發時，神經系統會迅速分泌強烈的神經化學物質，例如腎上腺素（Adrenaline，活化荷爾蒙）、皮質酮（Cortisol，壓力荷爾蒙），導致我們自動做出反應，沒有意識到當下可能還有更多其他選項。我們對自己擁有的可能性視而不見，也不再考慮用更有創意的方式解決問題，行為變得自動化、僵化、固定重複且刻板。我們退化成那個最缺乏靈活性的自己——如同困在角落的野獸。

但被觸發並不是我們的錯，也不表示我們軟弱。如果別人觸發了我們，也不是他們的錯。「被觸發」是一種建構在我們神經系統內的生存機制，我們都要學習處理被觸發的狀況，因為大腦的杏仁核（amygdala）區域生來就帶著這種生存警報機制。這種警報系統最早發展出來，是為了讓我們的動物祖先對周遭環境的潛在危機保持警戒，杏仁核總是不斷掃描危險，以確保肉體可以生存，一旦被刺激，就會迅速反應——先行動後思考。回想一下我們原始祖先的生活，當時劍齒虎或其它掠食者的威脅是真實存在的，因此大腦演變出一種即時反應功能：對任何事物做出戰鬥、逃跑、凍結反應，甚至有少數人會變得與掠食者相似。原始時期，本能反應是一種進化優勢，不需要花時間評估「這到底是真的危險，還是假警報？」。

人際交往的「風險」也讓人感到危險

現在，我們不再面臨老虎從前方樹叢跳出來撲人的危險。而今我們的生存警報系統掃描的大多是另一種危險——當一些我們認為對生存很重要的事物受到威脅（或似乎被威脅）時所感到的危機，這些事物可能包括：

- 我們與某個依賴的特定對象間的連結。

- 得到他人肯定或接受。
- 我們的自我形象，例如，被視為有能力、強壯、美好、誠實、聰明、正確、值得信任等等。
- 我們對財務的安全感。
- 我們在團體中被接納或歸屬感。

當然，這個世界仍存在威脅我們人身安全的危險——例如，高速公路上那些魯莽的駕駛，或在急診室花太長時間等待治療時，都可能被觸發。但本書的內容並不針對這一類身體上的危險——除了一些造成衝擊性創傷的例外狀況，例如，被酒醉的駕駛揍，再度刺激了早年成長時留下的創傷，也許是孩童時期被酒醉的父母或某個不負責任的年長手足痛打。這類身體上的創傷會留下長久的情感傷痕——特別當這個孩子在事件後，沒有對象可傾訴以得到安撫。無論你被觸發的根源起因是什麼，本書裡提到的各種練習，將會幫助你整合那些沒處理完的經驗，並完成情感上的未竟事務。

學習正確處理各種觸發反應，而不落入戰鬥、逃跑、凍結模式是可能的，這也是我們大腦高階中樞——額葉（Frontal Lobe）及前額葉皮層（prefrontal cortex）的工作。整個演化過程中，人類發展出這些大腦高階中樞，是為了修正大腦中階及低階中樞引發的快速反應，較高階的大腦能夠提醒我們：老闆平淡的語氣並不表示他不贊同——儘管我們的本能反應是覺得需要自我保護或防禦。大腦皮層也讓自我見證成為可能——讓我們有能力從本能反應的糾結中後退一步，有意識地選擇一個最符合實際狀況的回應方式。雖然當我們聽見帶著批判語氣的聲音時總是會被觸發，然後經驗到那種即時性的防禦反應，但我們仍然能夠學習在反應開始時，儘快覺察並中斷反應。

生命要我們從經驗中學習、發展、療癒，並進化至更高的存在狀態，它賦予所有必要的條件去療癒及進化，我們的責任就是留意、覺察，並活在每一刻真實的當下。如果我們總是機械式地自動反應，而無法去看、去聽、去感受真正發生了什麼，就無法從經驗中學習；如果我們要學著掌控觸發反應，就必須學會放慢速度。

觸發反應可以促進自我認知

我一生的工作都在致力於幫助人放慢速度，並專注——這樣我們才能捕捉並中斷那些機械式反應，認知自己全方面的選項後，帶著覺知採取行動。放慢速度，留意容易把不同意當成批判的機械式反應；放慢速度，留意自己對約會對象給出承諾的急切需求；放慢速度，減緩那在爭執中想要出走、放棄，或為了和諧假裝同意的衝動。

學習自己的各種觸發反應，是這趟旅程的起點。觸發反應其實是進入人類無意識的入口，它幫助我們看到並了解自己為什麼做了這麼多——特別是那些乍看之下適得其反、弄巧成拙的事；例如，當有人不想親密浪漫時，我們開始充滿敵意，或是當教授對我們的作業提出批評時，變得防禦抗拒。

你的觸發反應是一個入口，可以讓你去理解並擁抱更寬廣的生命，我喜歡稱之為「創造圓滿」（Whole making）。在我看來，生命本身就是創造圓滿的過程——將一個系統中各自不同的部分整合成一個更互聯互動的整體。我們的各種觸發反應，幫助我們看見自己的各種面向，有些面向可能連我們自己都不認識。當我們開始探索各種觸發反應，會發現那些被否定、遺棄或壓抑的部分，那些潛藏在人類無意識裡的領域，正是心理學家所稱的「陰影」（shadow）；當我們進入這個領域，可能會遇見早已遺忘的傷痛、失望、孩童時期未滿足的需求、展現防禦人格的習慣以便讓自己感到安全、各種莫名信念讓自己合理化所有無法理解的事，還有各式各樣、關於自己及他人的念頭，用來餵養缺乏安全感的自我需求，讓那個自我非得呈現知識淵博、優良、正確的樣子。發掘並學著接受這些遺失的部分，可以幫助我們實現自己獨特的人格潛質，而當我們擁抱並迎接這些部分時，也會變得更圓滿完整。

關於創傷和觸發反應的一些定義

心理學家和其他身心健康專業的專家，已經創造出一套相當精細的專有名詞和定義，用以解釋各種不同類型的神經系統失能狀況，他們用「衝擊創傷」（**shock trauma**）這個專有名稱，來表示某些事件發生得太突然且過於巨大，讓人失去應對能力。這方面的例子包括：目擊一場暴力行為或遭遇災難性事故，而這些事件可能發生在各種年紀。另外，專家用「發展性創傷」（**developmental trauma**），來表示孩童在發育成人的過程中，經歷疏忽、虐待或混亂的狀況，通常發生在原生家庭，但發展性創傷一般會經過一段時期慢慢形成，而非由一次性事件造成。

通常，「創傷」（**trauma**）這個專有名詞，代表一個事件或一連串事件壓垮了一個人能夠應對的能力——可能是一場悲慘的車禍或被父母長期忽視。而這個詞彙，也表示一場創傷事件造成的影響，例如，我們會說「她遭受頭部創傷」或「她遭受情感創傷」。

創傷有時是在過去造成的，一般相信受創傷者若沒有機會處理、談論事件，或是在事件發生後得到他人安撫，這個創傷產生的影響將會更持久且嚴重。

「觸發」（**trigger**）一詞的意思是，當下的一個暗示或事件重新激起了過往創傷的感受。觸發既是動詞也是名詞，例如，提高的聲調可能會觸發（動詞）一個人產生被控制或被壓迫征服的恐懼；而這提高的聲調，也是一種觸發（名詞），使人採取自我保護的姿態。這個觸發背後的創傷根源，可能來自幼童時期被父母大聲吼的經驗，或是在學校被某個說話大聲、恐怖之人的霸凌經驗。本書主要關注人的各種「觸發反應」（trigger reactions），有時也稱為「創傷反應」（trauma reactions），一般都會讓人產生不同程度的戰鬥、逃跑、凍結模式。例如，若提高的聲調是觸發點，那麼一個人的反應可能是大吼回去（戰鬥）、離開房間（逃跑）或封閉自己完全不回應（凍結），而凍結反應的程度可能從溫和到嚴重：只是產生批判的想法，到變得麻木。一個觸發性的刺激有時會導致「瞬間重歷其境」（flashback，又稱閃回、回憶重現、創傷重現）。瞬間重歷其境通常是指，令人害怕的記憶不知從哪突然冒出，瞬間閃現且歷歷在目，讓人好像回到當時造成創傷的現場。但有時並沒有明顯的刺激，也會發生瞬間重歷其境。

依附創傷

有一種很重要的發展性創傷類型稱為「依附創傷」（attachment trauma），專指一般照顧者常見的忽視、虐待或缺乏規律的行為，干擾了嬰兒或孩童與照顧者間建立有安全感的依賴或親密關係，這會擾亂一個孩子的信任感，無法相信自己的需求是重要的，或表達自己的感受和需要是安全的；大部分人多少都受到某種程度的依附創傷影響，原因是有許多父母常常因為太忙碌或疲於解決自身問題，而無法完全滿足孩子的需要。所有孩子都有依附需求，如愛的關注、撫觸或當他們受傷或害怕時得到安全的確認與安撫，而像這樣由另一個人提供的安全確認，稱為「共律」（coregulation）。

親子間的共律需求，常常在過了嬰兒時期後還會繼續，有時會跨越整個童年時期，甚至延續至青少年時期；另一種延續到青少年時期的依附需求，是擁有自主權的需求，個人獨特的人格也需要受到尊重，如果父母把孩子當作工具，只是為了滿足自私的需要、享樂或得到身分地位，就是對孩子自主權的侵犯，可能造成傷害或安全感失調。

有一種基本的依附需求幾乎貫穿了整個人生，那就是需要感覺我們不是完全孤單的，當悲傷或苦惱時，可以向某個人尋求安慰或確認。研究顯示，如果一個孩子或成人遭受了創傷事件，但之後有人支持或可以訴說，那麼這個創傷的影響就會減輕許多。

人不是機器

當人被觸發時，往往會說「那個人按下了我的按鈕」，這句話生動描繪了一個人覺察到自己情感安全被威脅時，如何自動引發反應——就像有人按下了機器的啟動按鈕。當按鈕被按下或扳機被扣下，這個人就突然開始表現，一系列預先由程式設定好的反應或自動化的例行行為。人類並不是機器，但我們卻常常像機械般行事——如果有人表示不贊同，我們就開始自動為自己辯解；聽見門被用力關上的聲音，就自動認定室友正在生氣。我寫這本書的目的，是要證明我們可以克服這套不幸的程式設計，並在任何時刻都能敞開自己、看見更全面的選項及決定——而不是困在那些僵化、機械般重複的模式裡。

這趟掌控各種觸發狀況的旅程，起始於認識自己的各種反應，這些反應可能很明顯——例如，你對某個占了你停車位的人大吼大叫；也可能是隱性的——例如，當有人打斷你時，你可能感覺被輕視了，卻又不想小題大作。本書裡，認識並處理你的各種觸發反應，是第一部的重點，其中每一章的內容都構築在五個基本的成人發展任務上，這就是「觸發功課的五步驟」：承認並接受各種觸發狀況、及早覺察、暫停讓自己平靜下來、啟動自我疼惜（self-compassion）、修復安全感和重建連結。每個章節都提供一些簡單的技巧，讓你可以練習每個步驟，而這些練習都可以獨自完成。

第二部裡，我會示範如何將這些練習應用到各種不同類型的關係中：親密伴侶關係、與孩子的關係、與朋友的關係、做為一名成員與團體的關係、做為一個領導者與團體的關係，或者，應用在你與整個社會環境的關係中。

第一部

轉化觸發反應的練習

第一章 從此到彼：觸發功課的五步驟

當開始進行這個階段的功課時，會發現我們一觸即發的反應並不是什麼可恥的錯，也許暗地裡我們會感到傷心或遺憾，因為童年的制約，導致一再經驗不安全的感受，然而為這些狀況感到悲傷遺憾，其實是健康的。

大部分的人被觸發時都不太願意承認。這種對於不適感的排斥，看似普通，亦可理解，但對於療癒童年傷痛、讓自己能夠活在當下來說，卻是最大的阻礙。本章概述五個成長發展的步驟——也可謂是必要的生活技能，它們架構了這趟療癒旅程。而第一部的其他章節，則對於如何完成每一步驟的細節有詳細的描述。以下就是觸發功課的五個步驟：

1. 承認並接納你的不安全感。
2. 認識你獨有的觸發特徵。
3. 暫停以便調整自己。
4. 和感受及情緒待在一起。
5. 修復並澄清誤會。

1. 承認並接納你的不安全感

當你開始注意並接受自己有時會被觸發，同時注意並接受其他人也會被觸發，甚至有時候他人的觸發是因為你所說或所做的事引起的，同樣的，你也接受自己有一定程度的不舒服感受是來自他人的作為，這樣，你才能真正接納與承認。接納自己的意思是，當你被觸發或你觸發別人時，不再批評自己、認為自己不好或做錯了，明白那是正常的，雖然你不喜歡被觸發，卻也明白那會發生在幾乎所有人身上。通常，那些觸發反應顯得較激烈的人，比較容易達到接納自己的狀態。如果種種觸發反應受到他人批評，甚至導致痛苦的分手、破壞了友誼，那麼人就會對於自己有時「失控」的狀態感到羞愧；如果看著自己被觸發是一種無法忍受的痛苦，也許就不得不慢慢開始進行本書中的一些練習，緩慢進行往往比太急促來的好，因為它允許更深層次的自我體驗。

進入承認與接納的內在功課階段時，需要進一步認識大腦如何連結不安全感、童年時期的創傷、羞愧感或以上所有狀況。當開始進行這個階段的功課時，會發現我們一觸即發的反應並不是什麼可恥的錯，也許暗地裡會感到傷心或遺憾，因為童年的制約導致我們一再經驗不安全的感受，然而為這些狀況感到悲傷遺憾其實是健康的。這只是這個功課的一部分，幫助我們逐漸認識到底發生了什麼事。遺憾的感受會幫助我們接受自己童年經歷裡的一些事實，最後，將不再因自己產生的種種反應而責怪別人，也不用再花太多時間希望事情有所不同。

當我們可以超越因為自己的觸發反應和過度敏感，而需要去責怪自己或其他人時，接納就會來到，「超越」意謂著我們可以帶著某種程度的客觀性，來見證自己、他人和整個環境，這需要一些練習，而這本書裡的技巧可以讓你達到那樣的目標。

一開始，也許你無法覺察自己什麼時候被觸發了——特別是如若你的反應主要都發生在內在、讓其他人看不出來，也就是所謂的內在或隱性觸發反應，包括對他人抱持批判性想法、臆測別人的動機、頭腦一片空白或害怕說出口等等。當你做過本書的練習後，對自己有時會被觸發的承認和接納能力將逐漸增加。

2. 認識你獨有的觸發特徵

你的手寫字跡通常擁有獨特的外觀和感覺：小而拘束、大而狂放或介於兩者之間；同樣的，你的各種觸發反應看起來多少都有些雷同，也大多是由某個核心恐懼（core fear）引起的（例如，害怕被拒絕、被遺棄、自己不夠好、不被聽見等等）。觸發特徵其實是依附類型的一種表現，如果我們屬於「過度思慮／焦慮依附類型」（preoccupied/anxious attachment style），那麼當我們被觸發時，容易變得糾纏、催促、質疑、爭論、挑戰，甚至攻擊。如果我們偏向「迴避依附類型」（avoidant attachment style），被觸發時就容易傾向封閉、退縮、防禦、解釋、默默下定論或試圖修正事情。認識你獨特的觸發特徵，可以幫助你更快覺察到你已被觸發的事實，讓你往掌控自己的觸發反應跨出一大步。

然而我想澄清一下，當使用「過度思慮」或「迴避」等詞彙時，我的目的是提供一種較有效的濾鏡，透過濾鏡來檢視各種行為模式。所謂純粹的類型並不存在，沒有人是純粹迴避型、純粹過度思慮型，甚至在他們的依附模式中也沒有純粹的安全型，所有的行為模式都坐落在互聯互動整體中的某一點。舉例來說，某個人的行為也許顯示出一點迴避模式，同時又有某種程度的安全型，當你在閱讀本書時，請記得所有類型模式或方式都不是絕對的，只是用來描述某種傾向。

呈現較明顯迴避類型的人，比較難覺察自己的觸發反應，因為他們只有在別人對他們生氣時才會被觸發，但他們可能會覺得自己是別人觸發反應的受害者，他們會說：「如果它沒被觸發，我本來都好好的沒事。」對這些人來說，他們的核心恐懼或無意識中的不安全感可能埋得很深，因此需要「引爆」（如高強度觸發反應或令人生氣的伴侶），才能讓其深埋的恐懼顯露出來。也許他們經歷過的發展性創傷／忽視，發生在學習語言或對事物有記憶的幼兒期之前；被輕度疏忽的孩子往往會長成一個非常機智聰穎、獨立自主的小大人，對別人沒有太多期待，然後具有相當的適應性或討人喜歡的個性，這可以保護他們，讓他們比較不容易感到失望或沮喪。再者，他們依賴別人的需求往往被壓抑，所以無法意識到在其樂天性格、平和脾氣的表面下，可能有未滿足的需求；因此，他們可能一輩子都沒注意到自己的需求在什麼時候沒有得到滿足——因為很久以前他們就習慣不對別人抱有期待。

當你開始認識自己的觸發反應看起來像什麼樣子或帶來什麼感覺，就已經有能力覺察並掌握自己有時會被觸發的事實，這就是承認與接受的第一步。但當你正處在那些反應之中時，要覺察觸發反應並不是件容易的事，因為一旦被觸發，你的覺察能力很容易關機，這就是為什麼需要練習暫停，而這正是下一個步驟。

3. 暫停以調整自己

這裡的暫停指的是：當你覺察到自己正在展現觸發特徵的某些行為（如爭吵或防禦）時，試著停止那些行為，你可以對自己默念「暫停」，也可以大聲說出來；有些伴侶會達成暫停協議，讓彼此都暫停一下，雙方停止交談，安靜且緩慢地透過鼻子刻意呼吸十次。

自我調整是將注意力轉向內部，讓你的神經系統安定下來，也許可做一些緩慢的深呼吸或其他覺察身體感受的練習。這個步驟是處理觸發反應的急救法，也是一種基本的生活壓力管理工具。我希望從中小學起，有更多學校教授這項練習，但只要任何人想學習，永遠都不嫌晚。當然，這其中的挑戰是學習該項技巧的時機，通常都是在面臨生活最有壓力的狀況下——被某個對我們來說很重要的人觸發時。

4. 和感受及情緒待在一起

一旦你學會有意識地關注自己的呼吸和身體感受，將會發現你更容易覺察自己的感受和情緒——喉嚨似乎緊緊的、心臟有點痛，以及各種悲傷、恐懼、無助的情緒。在這個步驟，你要站在一個「見證者」或「觀察員」的位置——觀察氣息一進一出，注意各種感覺、情緒、影像、記憶和腦子裡喋喋不休的話語，見證這些內在的意象進入又脫離你的意識領域，觀察它們在屬性和強度上的變化、在你身體的不同位置流動轉移。做為一名觀察者，你的注意力都集中在那些被注目的感官上——**所以你同時是那個擁有各種感覺情緒的人，也是看著自己擁有各種感覺情緒的人**；就好像你的覺知同時產生兩個不同的視角，讓你可以為自己空出一個空間來安慰自己。這種雙重覺知是跟你自己建立更親密、更友善關係的基礎，當學會如何與自己相處，你就不再感到孤單。

5. 修復並澄清誤會

如果一個觸發反應（即使是最細微的反應，像是退縮或頭腦一片空白）發生在與另一個人互動過程中，事後主動與這個人連結、修復傷害、道歉或重新來過是很有幫助的，但有些狀況並不適合這個步驟，因為一般來說需要得到另一個人的同意或認可，所以有時你不會用到這個步驟。

如果觸發反應發生在你與伴侶、配偶、親密友人、孩子之間，那麼修復是必要的，在這種狀況下，要做什麼來修復彌補，取決於你們的關係——有多親近、彼此相互依存的程度，還有這個關係有多重要。

通常，這個步驟需要雙方同意設定一個修復的時間，然後當那個時間到了，你將要(1)承認自己之前被觸發了；(2)如果適當的話，向對方道歉；(3)揭示觸發反應背後情緒的根源；(4)請求重新連結或安慰。具體的修復過程可以跟對方這樣說：「我離開是因為當時被觸發了，很抱歉我這麼做。可能是因為我覺得自身需求不被重視的恐懼升起，如果能再來一遍，我希望可以告訴你自己心中真正的感受，也希望可以確認我們沒事、確認我自己的需求有被重視。」

這五個步驟雖然各有各的具體練習，但彼此之間其實也互相關聯影響——所以其中一個步驟得到效果後，也會讓整體獲益。例如，當你愈能夠同理自己，就愈能夠接受自己被觸發的事實。或是你愈能儘早執行「暫停」，修復的工作就愈容易進行，因為你可以制止自己說出傷人的話，減少需要修復的損害。雖然這五個步驟是按順序列出的，實際上彼此間相輔相成。

第二章

承認並接納你的不安全感：超越羞愧和責備

當觸發反應發生時，沒有人應該受到指責，因為沒有人會選擇受制於自己或他人原始爬蟲腦的束縛擺布。

當你被觸發時，你就不是最佳版本的自己。你可能覺得受傷、震驚或失控，你也可能顯得愚蠢、衝動、防備或不理性，你的妥協能力降低了——難怪觸發反應發生時，你會很難接受。但就像任何諮商師或成長機構所說的，如果我們想要前往某處，首先要讓自己來到當下。換言之，在我們成長的旅途中，如果想要有正向的改變，就必須全然擁抱、感受、了解，並為當下的自己負責。如果我們否認或壓抑自己的任何部分，直到我們看見並接受之前，那些部分都無法得到療癒。那些被否認和壓抑的部分，將不知如何與健康的自我適當連結，因為兩者截然不同，其間完全沒有溝通管道。而一個健康的系統（無論個人、團體或組織）最大的特色，就是系統中的支系或分部間擁有良好的溝通。

有些人在接受自身被觸發的事實方面比他人容易些，當你逐項做過本書中的各個練習時，會對自己的抗拒程度與接受程度大概有個認識。如果你的自我印象是可以接納自己會犯錯、願意彌補、在別人眼中看起來愚蠢或笨拙，並不總是知道如何做正確的事，那麼也許你在接受自己的觸發反應時會比較輕鬆。如果你的自我印象是不太能容忍錯誤、軟弱或不完美，你會發現自己較難接受被觸發。但無論如何，不安全感導致的自我批判和完美主義是可以療癒的。

你比較重視從錯誤中學習，還是認為自己必須總是正確且看起來完美，很大程度上，與你成長及人格形成過程中感覺安全或不安全有關，當你逐項完成本書的練習後，你重視的價值（願意去學習或必須看起來很完美）將會慢慢改變，而當你將學習看成最重要的價值時，生活就會變得更輕鬆……也會更友善。

這些練習也會幫助你辨識自己或別人被觸發時所產生的更細微徵兆。有些人在被觸發時，並不總是會提高音量或變得愛爭論，他們的反應大多是內向的——例如，產生懷疑或批判的想法。

觸發反應大多是因為情緒上感受到不安全或無法因應狀況而引起，我們會無意識地把當下發生的事情連結到很久以前發生過的事——一些覺得不安全或難以承受的事。這些事通常與我們成長過程中的核心需求有關，像是需要得到重視、尊重、保護、照顧、關心，還有被認為很重要。觸發反應發生後，我們會感到不同程度的心煩意亂、情緒爆發、封閉自我，或將負面動機投射到其他人身上（如「他在利用我」、「她在控制我」等等），所有這些反應都可能發生在意識覺知層面之下，人可能不知道自己正感到不安全。

如果你已經意識到有時你會感到不安或無力，那就表示你開始能接受自己有時會被觸發。顯然，感覺安全總比感覺不安全好，在經歷不愉快的事件後，如果能儘快恢復情緒安全，對個人的成長工作是很有幫助的，因為當我們感覺安全時，較能夠看到事件的真相到底是什麼。通常我們做決定時，都是基於自己真正的需求，例如，感受到尊重或信任，而不是基於那些受制約的習慣，像是防禦心或自我保護。所有內在功課最終的目標，就是由高階大腦做出最好的決定，而不是取決於原始爬蟲腦。讓我們誠實並帶著同理心來看待自己的不安全感，開始這趟邁向美好決策的旅程吧！

承認不安全感

儘管被觸發的概念現已廣泛地得到認識，大部分的人還是難以接受自己被觸發時產生的那些不愉快感受，其實是來自自己的內在世界。然而，各種觸發敏感反應其實揭示了許多有用的訊息。如果有人說了些話觸發我們的不安全感或痛苦，其實是這份痛苦或恐懼早就存在我們內在，等著被啟動。觸發是一種訊號，表示在我們成長過程中一定有些未竟之事，抑或我們內在有些部分被否定、壓抑、拒絕或切斷。換句話說，每當觸發發生時，即使觸發事件不是我們引起的，我們必須處理的仍是自己的事——設法恢復安全感、平衡失調的神經系統，都是我們自己的責任。理智上接受這個想法並不難，但每當我們被觸發、發現自己做了些自己都覺得難堪的事之後，羞愧感馬上襲來……然後就開始有股衝動想責備別人。

做到接納自己，首先需要承認我們的不安全感——因為讓我們感到脆弱、造成情緒失調、產生戰鬥、逃跑、凍結等熟悉的觸發反應主因，就是源自童年的不安全感。童年的不安全感可能包括害怕自己不夠好、有缺陷、不重要、微不足道、不值得、無助、孤獨、不被尊重、不知所措、受困、被控制、不被愛或不值得被愛。感到不安全，是因為害怕以上可能都會成真，但抱著這些恐懼，並不表示我們真的有缺陷或不重要等等。觸發通常都是基於恐懼，而非基於事實。你覺察並認知這些恐懼的難易程度，取決於你完成的內在功課多寡。

這些恐懼大多在我們成長過程中融入了我們的個性，即使擁有最好的父母，孩子還是很容易學會「錯怪自己」。孩子容易把問題攬在自己身上，所以當他們無法得到想要的東西時，通常會天真地認定是自己做錯了什麼。如果沒有人來餵一直哭的嬰兒，他們潛意識可能會認定自己不重要、不被重視、不值得或不配被愛。

我們還小的時候，身邊總是圍繞著大人，多多少少都需要依賴他們，但幾乎可以肯定的是，我們偶爾會對於應對生活的困難、滿足自己的需求感到力不從心，因我們弱小又有依賴性——有時感到困惑或無助是很常見的，而這很容易觸發「覺得自己不夠好」的感覺。很多成人都在內心深處帶著這種感覺，甚至可以得出一個結論：感覺不安是人類的一種常態，每個人都有「也許我不夠好」的部分，被觸發能幫助我們找出這些部分，採取必要的措施，療癒我們早期的傷痛，並學習修正錯誤。

最重要的關鍵是——幾乎每個人都會被觸發，有人比其他人更常發生，也有人比他人更顯著。較常或不常被觸發，並不會讓一個人比別人更糟或更好。但有時當我們看到自己被觸發，會強化自己有缺陷或不夠好的信念。本書中的自我療癒練習，會教你如何把同理心送給那些沮喪、受傷或幼時受到創傷的自己，「自我疼惜」是你可以學會的東西，它是羞愧的解藥。

腦科學為我們提供了什麼

過去四十年來，許多科學見解幫助我們在生物基礎上更了解「觸發」是如何發生的，當我們更了解觸發的神經心理學（neuropsychology）之後，可以幫助我們接受事實：一旦感知到威脅，人類的神經系統會立即發出指令，然後再提出問題，也就是先反應，然後再審查。這不能合理化被觸發之後導致的傷害行為，但是能幫助我們了解大腦本能產生的強大力量，非常值得重視。某種程度上，我們多少都受到生物本能所支配，這也是為什麼當一個人被觸發，並不表示他很壞、錯誤、脆弱或瘋狂。更進一步來說，了解大腦如何運作，能夠幫助我們更實際認知什麼是可以控制、什麼是無法控制的——即使我們意圖良善、擁有正面思維或較好的溝通技巧。你可以學會暫停，並療癒觸發反應產生的行為模式，前提是必須親身投入這裡所描述的練習。

我相信有許多老師、作者和普羅大眾完全沒有考慮到，被觸發的神經系統所產生的力量，我們太容易被那些快速修正認知的捷徑所誘惑——例如，這個說法：「不要把任何事都攬在自己身上」（講得好像很容易做到！），或不斷複誦一個積極的正念，好似這麼做就可以取代舊的負面念頭。一旦我們了解大腦的內在運作，以及如何從生理及心理層面、並帶著疼惜之心處理自己的觸發反應，就能更有意識地控制。我們可以學會更自發性地掌控那些非自發產生的觸發反應。

但是，我們要先認知自己正在處理的是一股強大的力量。既然你的觸發反應絕大多數是出於自己的無意識引發，就不要再認定自己或他人**應該**要有更好的自制力、**應該**要更理智。沒人會自己決定要被觸發，也沒人會故意觸發他們的親密伴侶或成年子女。當聽到有人說「他總是喜歡按我的按鈕」，通常我都認為這不是事實，而是一種內心編造的「反應故事」（reactive story），好讓他們可以迴避自己在當時狀況下產生的深層感受和需求。當然，一個自戀者或反社會人格障礙者，可能會故意去按別人的按鈕，當作一種操縱手段，但我們常見的狀況並非如此。當某人的行為觸發了我們的核心恐懼和不安全感，事實是這份恐懼早就深藏在我們人格結構的陰影中。這份恐懼可能源於童年時期所經歷的忽視、創傷、虐待或錯誤的學習，而觸發我們的人並不是造成這種傷害或輕視等感受的真正起因，因為這些感受早就在那裡——早在我們遇到這個人之前、在我們年幼時，因種種不幸的學習經驗而殘留的後果。

腦科學藉由說明大腦如何傳遞訊息來解釋觸發反應。人類的大腦與其它動物的腦其實有很多共通之處，我們的大腦配備了神經心理學家所稱的「生存警報系統」（survival alarm system），這個系統的一部分是位於腦中央深處的一對微小結構，稱之為「杏仁體」（amygdalae），或通稱「杏仁核」（amygdala），這對結構在處理情緒，如恐懼、焦慮或憤怒／挑釁上扮演很重要的角色。我們的生存警報系統像雷達般一直在掃描危險狀況，與其他動物一樣，這套警報系統內建於人類的生理結構中，即使只是懷疑有掠食者接近，我們的身體都能瞬間加速採取行動。每當一個潛在的威脅被偵測到時，大腦此區的神經細胞作用就會火力全開，像發出警報一樣。如今對人類來說，這種威脅經常來自我們與他人間的困擾，抑或與別人是否能有效滿足我們的需求有關，也就是說，當今威脅我們的事物，主要都與人際關係有關。

當我們的生存警報鈴聲大響，強烈的神經化學物質（如腎上腺素、皮質醇）會發送到自主神經系統的不同部位，導致特定的身體系統會開始運作——如心跳加速、四肢緊繃——因為這些都可以幫助我們發動攻擊或逃跑。我們的生存警報分泌的化學物質會提示其他系統關閉——如消化系統或性慾，因為這些對緊急的求生狀況來說並不重要。腦科學家提醒我們，當不想吃東西或對性沒興趣的時候，可能跟我們感到不安全、焦慮或受到威脅有關，也許在我們心靈某處，有未處理的觸發反應需要關注，也可能我們的生存警報系統卡在「開啟」狀態。請記得，所有這些神經化學反應都是隱藏在意識層次之下，所以發生任何反應都不是我們可以選擇的，但至少可以接受所有觸發反應都是生存警報系統運作的結果——這個系統會對人際關係中產生的威脅特別敏感，幾乎等同於面對我們孩童時發生的種種不幸遭遇——有了這層認知，我們就已經走在接納觸發反應的道路上了。

此外，近期研究顯示，有些狀況，如尖銳的語調、失望的表情等，都可能觸發下意識的衝動行為，如攻擊、防禦或逃跑，彷彿有老虎出現在眼前般。即使我們的人身安全並非實質遭受威脅，但當人際交往與親密關係造成我們情緒不穩、安全感受到威脅，內在的警報系統也會開始警戒。

你有沒有被某人說話的語氣觸發過？有些女性聽見響亮、轟隆震耳的男性聲音就會感到不安。就我個人而言，這種聲音有時會讓我感到類似被支配或壓制的恐懼。同樣地，有些男性對尖銳刺耳的女性聲音也有這類反應。一些男性友人告訴我，這種聲音有時會觸發他們，讓他們認為自己被批判和否定。許多人告訴我，他們通常會試圖忽視這些內在反應，繼續進行眼前的交談，當作沒被任何事觸發。對於這類輕度的觸發，一般人也許可以應付得很好，但從長遠來看，我認為比較有益的方式，是辨認我們的對話從何時開始被大腦的原始部位所掌控。有時候，對話雙方都落入了一種下意識的反應卻不自知。

某些關於大腦的研究顯示，當兩人或更多人感到彼此有情緒連結或依存，他們就像能「互相通電」一般聯繫在一起，也就是說，當其中一人被觸發，其他與其親近的人也會被觸發，這種共同觸發狀況很常發生，但這是在意識覺知層次之下產生的，因此很難分辨到底是誰先被觸發——雖然追究這個並不重要。重要的是，請記得當你的同伴被觸發時，你的神經系統可能也會感到不安，就會產生共同觸發的狀況。這時兩人需要暫停一下，覺察這個狀況，然後練習自我平靜。

很明顯，人在生存警報被觸動時，並非處在他們的最佳狀態。那些快速、下意識的戰鬥、逃跑、凍結反應，會導致人大喊大叫、爆發、責怪、爭論是非、疏離、封閉、迴避、築起高牆、沉默或變得有戒心。事後他們往往不記得自己實際上做過或說過什麼，甚至不記得到底是什麼觸發了他們。有時人會覺得自己已經準備好，可以與他人好好溝通，並解決問題，但可能為時尚早，他們其實還不夠平靜，也不夠有安全感，仍處在自我保護模式。在這種感受下試圖解決問題，只會把事情弄得更糟。

我們有時必須花相當長的時間才能真正感到平靜與安全。在高度激發的狀態下，生存警報可能會戲劇性地劫持高階大腦。要記得，這個警報系統是原始人類賴以生存的一部分，我們高階大腦的功能會關閉，是因為這些功能運作得太緩慢，無法從劍齒虎的口中將自己拯救出來。當生存警報響起時，所有一切都成為緊急狀況，所以我們真的需要相當努力才能再度平靜下來。唯有我們的生存警報關閉時，才會對他人感到安全，然後高階大腦功能才能有效運作，來解決問題或彌補誤會。也只有這時候，我們才能開始同情與理解他人的需求，並表達自己的脆弱感受——像是希望感到愛和連結。只要不覺得安全，我們的心就沒有足夠的空間去深入傾聽另一個人。如果我們急著嘗試修補，而沒有做一些內在的自我平復與自我安慰，很可能會再次觸發彼此，然後又回到原點。更多關於如何知道是否過早嘗試修復的資訊，請參閱第六章。

接納會慢慢到來

如同上述腦科學簡短概述中所說的，「觸發」是人類各種狀態之一。當觸發反應發生時，沒有人應該受到指責，因為沒有人會選擇受制於自己或他人原始爬蟲腦的束縛擺布。但它就是會發生，這也是為什麼當觸發導致各種狀況發生時，我們首先應該承認並接納，而非譴責自己。當我們練習第四章、第五章和第六章中自我平靜、自我疼惜和修復技巧時，接納自己就會變得更加容易。一旦我們學會如何從觸發反應中快速恢復，就更容易接受這類反應和感受。根據我的經驗，要將這裡所列的練習都融入生活後——每當觸發情境產生時，我們都能操作一次，接納自己的功課才算完整。

事實上，如果想要做得更好，我建議你在沒有被強烈觸發時，練習第四章和第五章中的自我平靜和自我疼惜。當你覺得堅強而有自信時，可以回到一個觸發事件的記憶中，回憶你當時的感受，然後練習自我平靜和自我疼惜。這項練習的目標是熟悉你的各種反應和核心恐懼。最後，當觸發真正發生時，你都能對自己說：**啊，它又來了，我知道這個地方，我被觸發了，而且我知道該怎麼做，我知道如何平靜下來，並且跟我的敏感柔弱或煩惱「待在一起」。我知道只要這麼做，痛苦很快就會消失。**

你對觸發的信念：自我評估測驗

在進一步閱讀之前，我建議你做這項自我評估的測驗，以便更加了解自己目前對觸發所抱持的信念和態度。許多人帶著一些普遍錯誤的假設和不切實際的信念卻不自知，這會讓接納被觸發這個事實變得更困難。在你回答完以下十個問題後加總分數，然後我會討論不同分數代表每個人接受的程度有何不同，並針對如何才能更接納觸發反應提出建議。

你可以在一張紙上，或直接在這本書上，針對每個問題寫下1到4分：1代表你強烈反對這個陳述，或它永遠不可能是真的；2表示你有點同意這個陳述，認為有時正確；3表示你大抵同意這個陳述，或者認同它經常正確；4表示你強烈同意這個陳述，或者它對你來說總是正確的。

1. 如果我的伴侶對我一句無意的發言感到不愉快，我相信我應該停止再說這類事情。
2. 經歷一次讓人生氣的談話後，當明白自己把別人的話當成針對我個人而反應過度時，會花很多時間在腦中回顧整件事，試圖合理化自己為什麼會有這樣的反應。

3.如果一週內我和我的伴侶發生好幾次情緒性的反應，我會認為這是一段失敗的關係。

4.如果從某人那裡聽到關於我表現的不利評價，並因此讓我被觸發，我會試著隱藏，因為別人可能會覺得我很脆弱或容易惱羞成怒。

5.承認自己有時會被孩子或其他小孩觸發，對我來說是非常困難的事，我認為這顯示我不成熟或自我中心。

6.在兩個人同時被觸發的互動中，找出誰先被觸發是很有用的。

7.如果已經一遍又一遍告訴某人，他的某種行為讓我感到生氣，我期待這個人停止該行為。

8.我因為某人的行為而被觸發，雖然事後他向我道歉，但我無法從他的口頭道歉中得到任何真正的安慰。因為嘴巴講很容易，如果他真心感到抱歉，我希望他的行為在未來能有所改變。

9.如果我的親密伴侶一直責怪我造成他的觸發反應，我會試著讓其了解，我們每個人都該對自己的反應負責。

10. 如果有人告訴我，他被我的行為所觸發，我會傾向認定自己做錯了，即使邏輯告訴我並非如此。

計算總分，將你寫在每項描述旁的數字加總。總分10到12分，表示你對情感觸發抱持非常實際和接受的態度。13到20分，表示你可能對觸發感到矛盾，有時不確定觸發反應發生時該怎麼辦。得分高於20，表示你對觸發感到掙扎，傾向否認和抗拒，難以應對被觸發的狀況。接下來我會討論各種令人感到困難的原因，但最常見的是：有些人幾乎沒有足夠的生活經驗或技巧去處理觸發狀況；有些人傾向黑白分明的思維，幾乎無法容忍模稜兩可的狀況；有些人則不太能接受自己和他人的缺點。最後，如果一個人目前處於一段痛苦的關係中，導致很多苦惱憂傷，那麼自然很難保持客觀。高分也可能表示一個人在做測驗的當下，正處於被觸發的狀態。

探索你的答案

現在，讓我們來看看測驗中針對每項陳述得到的答案，探索不同的分數代表你對觸發抱持著什麼樣的信念。

1. 如果我的伴侶對我一句無意的發言感到不愉快，我相信我應該停止再說這類事情。

在我的經驗中，不同意這種說法的人（給1或2分），對觸發抱著一種相當實際的態度。評分較高的人（3或4分），可能表示他們認為需要盡量避免觸發，這種信念可能會導致一個人把太多的注意力放在試圖不惹惱任何人上——所以他們常感覺如履薄冰。然而事實是，人可能被任何意想不到的言論所觸發，而任何人都無法預先做準備。你的伴侶可能擁有與你截然不同的敏感性，沒錯，你應該可以從經驗中學會如何說話，試著學習伴侶的愛的語言（以及他們恐懼的語言！），但無論你的溝通技巧有多好，觸發仍可能發生。

與其如履薄冰、避免說出任何可能觸發某人的話，不如接受人都背負著他人無法覺察的情緒包袱，即使是一句無辜、甚至善意的話，也可能被誤解。你最好接受觸發總是會發生，當它發生時，學習如何盡快暫停並加速修復（如後續章節所述），觸發本身就會變得沒什麼大不了。

2. 經歷一次讓人生氣的談話後，當明白自己把別人的話當成針對個人而反應過度時，我會花很多時間在腦中回顧整件事，試圖合理化自己為什麼會有這樣的反應。

如果你給這一項很高的分數（3或4分），我希望這本書能幫助你接受每個人都有反應過度的時候。當我們反應過度時，會覺得自己愚蠢、尷尬、毫無遮掩，甚至感到羞恥都是正常的，產生這些感覺並不代表有問題——一旦我們學會以溫柔、寬容的態度關注和「擁抱」這些感覺，並允許自己有這些感覺時，就是一種自我接納的表現。允許不舒服的感覺存在，帶著同理心見證並關照這種感覺，為改變騰出一些空間，這樣才能給之前被壓縮的能量一個呼吸的空間——讓這種感覺消散、放鬆或找到解決辦法（更多相關資訊，請參閱「抱持疼惜心的自我探索」練習，第135-143頁）。

當人無法接受自己反應過度的事實時，往往會執著於已發生的事件，並試圖責怪某件事或某個人導致他們不悅。他們可能會責怪自己、伴侶或歸咎於累了餓了，甚至會怪自己童年的遭遇。試圖弄清楚原因，也許可以給人一種掌控感，但這些嘗試往往阻礙了更深的療癒，阻止我們尋找問題的根源——這需要專注在情緒引發的身體感受和內心感覺。

為了接納自己，第一步是注意你的思緒是否開始圍繞一個事件打轉——也許不斷追究對方應該或不應該做的事，或試著證明自己為什麼有充分的理由可以生氣。當你注意到這種反反覆覆的思緒，或覺得有必要為你的行為辯護時，就表示你來到可以進入內在功課的入口。試著看看你是否可以敞開心扉、好奇自己那些傷痛或憤怒的感覺來源。所謂「內在功課」，就是與你被觸發的感覺待在一起——有點像治療師和個案坐在一起，或是像母親抱著受傷的孩子。一個好的母親或治療師不會認可那些自我防禦或辯護，他們認可柔弱、易受傷的感覺——可以幫助你學會為這些感覺騰出一些空間，並同理這些感覺（參見第五章以了解更多）。

3.如果一週內我和伴侶發生好幾次情緒性的反應，我會認為這是段失敗的關係。

給這一項高分（3或4分）的人，對不舒服的情緒往往近乎零容忍。每個人都有各自不同的包容力來應對情緒上的痛苦，避免陷入不知所措。沒有一個人是絕對的**好**或**正常**；有些人由於特殊的生活經歷，會認定生命中本就有許多不安、憤怒、衝突，甚至暴力發生，其他某些人則是遇到輕微的不愉快就變得非常不穩定。我認識一些人，工作績效得到負評後，甚至需要一、兩個星期才能恢復。如果你同意此項敘述，就表示你可能也擁有非常高的情緒敏感度。另外，遺傳學在這裡扮演重要的角色，一些與幼兒相關的研究指出，有的嬰兒天生具有較敏感的神經系統——他們對大聲的噪音、跌倒的感覺等更為敏感。

如果你經常被某個人觸發，無論他們是情感伴侶或工作夥伴，並不表示你們的關係必然是失敗的。這可能只是因為另一個人臉皮較厚，或是你根本無法容忍任何人對你感到不悅——哪怕只是一點點不開心。如若是這樣，在放棄一段關係前，試著練習本書中關於觸發的功課，看看事情是否會有所改善。

即使如此，我認為一個敏感的人要注意，不要讓自己反覆陷入神經系統崩潰的狀況，如果觸發反應常常發生，並且非常極端，而伴侶不能與你一起創造相互的安全感，我會建議你與受過觸發功課訓練的人，進行個人或關係諮商。

4. 如果從某人那裡聽到關於我表現的不利評價，並讓我因此被觸發，我會試著隱藏，因為別人可能會覺得我很脆弱或容易惱羞成怒。

一個人對這項描述的評分，往往反映了他們對自己投射出的稱職形象的重視程度。重視自己的自我形象沒什麼錯，承認是好的，但如果你給了這項很高的分數（3或4分），那麼探索自己到底在試著避免什麼，將會很有幫助。試想如果要你公開承認自己被觸發，你會害怕什麼負面後果？在考慮這個問題時，你是否會想到一個特定的人——一個你想要在他面前表現良好的人？如果是，想想當這個人在身邊時你有什麼感受，他們是否讓你想起童年時期其他重要的人物？你是否因為自己表現軟弱、過度敏感或不完美而受到他們批評？

無論你如何評價這項描述，試試這個延伸練習：讓自己進入一段回憶，回想你被某人的言語或行為觸發，卻沒有顯露出來。現在問問自己，如果當時坦言自己被觸發了，你會害怕發生什麼？接下來，想像你對觸發你的人坦言你被觸發了，在自己腦海裡說出這些話是什麼感覺？你是否覺得得到釋放、感覺輕盈，還有一股內在的力量？或者那種感覺比較像是猶豫不決、抱歉和羞恥？那些話是很容易說出口，還是很難想到該說些什麼？最後，看看你在這次練習中發現了什麼，並給那個感到恐懼害怕的自己滿滿的疼惜。

這類內在探索能幫助我們更了解自己，也反映了本書的主旨：我相信每一件不愉快的事件——無論是發生在我們內在，還是外在世界，都可以成為一個起點，幫助我們認識更深層的自己。此外，我也相信每當我們覺察恐懼升起，試著讓正在進行的活動暫停，探究這個恐懼的根源，將會非常有幫助。第五章會有更多關於內在探索的練習。

5.承認自己有時會被孩子或其他小孩觸發，對我來說是非常困難的事，我認為這顯示我不成熟或自我中心。

同意這項描述的人（評分為3或4分），通常會認為被孩子觸發是不應該發生的事，至少不應該發生在他們身上。他們擔心自己的孩子或伴侶會如何看待自己，或是可能想起一個曾經或現在都很自私與不成熟的父母形象，他們害怕自己的表現像那個人，而他們並不想成為那樣的人。

無論你如何評分，都請你再一次用非常緩慢的速度讀一遍這項描述。當你閱讀時，注意自己是否產生任何感覺、情緒、形象或記憶，如果發現任何情緒的衝動或身體緊縮的感覺，讓注意力在那裡待一會兒，對這個狀況敞開心胸、帶著好奇——無論你發現或沒發現什麼，都會沒事，只要從你所在的內心某個角落環顧四周，也許不會看到任何特別有趣或值得注意的事。或者，一個被遺忘的記憶浮上來了——也許是一個大人對孩子發洩自己不愉快的情緒而嚇到孩子，如果記憶中的那個孩子就是自己，看看你是否能對做為孩子的自己產生疼惜心，給予那個柔弱或受傷的自己同理和疼惜，就是一種自我療癒的作為。

在做這些練習時，如果回憶不愉快的過往造成自己太沮喪悲傷，試著回到當下，並做第四章提到的有意識地呼吸或沉澱自己的練習。

6.在兩個人同時被觸發的互動中，找出誰先被觸發是很有用的。

給這項描述評分很低（1或2分）的人都曾體認到，去確認到底是誰「先開始」這個共同觸發的事件，並不是最重要的問題。然而，如果這麼做是出於一個正面的理由，我相信試著發現共同觸發事件的起源，或梳理事件整體的脈絡並沒有錯。只要記得，真正的起源可能非常複雜，也許要追溯到很久以前。

對於一些同意這項描述的人來說（3或4分），想知道誰先被觸發的最主要原因是，他們要證明自己並沒有「啟動」整個事件。他們相信如果這是別人的錯，自己的感覺就會好一些，但這樣反而無益於幫助自己導向真正好的感覺。怪罪別人通常都是為了迴避體驗自己的真實感受。

有時候，檢視共同觸發事件發生前的整個背景是有幫助的，儘管可能必須回溯到很久以前的經歷。任何一個重要的關係都可能經歷撕裂，並存留些未被修復的裂痕，這些歷史在一定程度上會影響雙方當下的互動。因此，確認雙方共同擁有許多經歷，其中一方或雙方都有未完成、不安全及不滿意的感受，將會很有幫助。這些未修復的裂痕慢慢累積，時間久了就可能導致雙方都更容易被觸發，這也是為什麼很難確認到底是誰或什麼先啟動了當前的觸發事件。

對於任何一個未完成的過往經歷，每個人都會以不同角度去感覺那個「未完成」，而這些感覺可能會導致之後的觸發反應。例如，若一個人做了些讓對方感到受傷的事，後來雖然道歉了，但另一個人對這種道歉卻不滿意，他的腦海裡可能會編造出一個故事。故事中，對方可能聽起來一點誠意都沒有。與此同時，道過歉的人可能會覺得自己已經試著彌補，卻總是得不到認同，於是想著：**無論我怎麼做都永遠不夠**。幾天或幾個月後，兩人終於被彼此觸發，這是因為雙方心裡都積壓了許多不幸的恐懼故事，而這些故事從未受到檢視和修補。

7. 如果已經一遍又一遍告訴某人，他的某種行為讓我感到生氣，我期待這個人停止該行為。

給這項陳述高分（3或4分）的人，往往不理解或沒有意識到：要改變觸發反應有多麼困難。一般來說，如果想要達成真正且持久的改變，需要雙方都付出努力。當然，如果能用一種具體且不帶抱怨的語氣為你的期望提出要求，這是件好事，但如果期待自己總是能得到想要的結果，卻是不明智的。因為對方可能希望滿足你的要求，但有時他們就是無法完全有意識地控制自己的行為。

人可以靠自己控制自身的許多行為，但有些行為和反應是習慣、個性、童年制約和觸發反應的產物。雖然我們都希望在所有情況下，能夠選擇我們的應對方式，但可能永遠無法完全擺脫過去經歷的制約。

在幾次諮商中，我發現人經常表達不切實際的期望。妻子莎莉會對她的丈夫瑞克說：「當我對你生氣時，你只要帶著同理心體會我的遭遇，不要為自己辯護。」對莎莉來說，這似乎是一個合理的要求，而瑞克也可能真的會同意，從現在開始他一定照做，而且是很真誠地想要徹底執行。但即使用意極度良善，瑞克失敗的可能性也會大於成功——因為當莎莉生氣時，瑞克會被共同觸發。事實上在他被觸發的狀態下（即使他看起來沒有被莎莉觸發），根本無法體會和同理，他所有的善意都被一時湧入的大量神經化學物質淹沒。當瑞克的神經系統處於「逃跑」模式時，他的本能會與莎莉講道理，以讓她停止生氣。

如果想要瑞克真正改變自己的行為，莎莉必須接受這個事實：她不能指望瑞克獨自一人做所有功課。如果瑞克要學會覺察自己在變成防禦狀態之前，稍作暫停或放慢速度，他就需要莎莉的協助、理解和支持。他們必須共同努力，創造治療師所謂的「矯正情緒經驗」（corrective emotional experience）。若瑞克要求暫停而不是為自己辯護，莎莉提出安慰的需求而不是批判，那麼這種矯正情緒經驗將幫助雙方都更有安全感。

8.我因為某人的行為而被觸發，雖然事後他向我道歉，卻無法從他的口頭道歉中得到任何真正的安慰。因為用嘴巴講很容易，但如果他真心感到抱歉，我希望他的行為在未來有所改變。

這個陳述聽起來與第7項相似，它們有很多共同點，但這裡凸顯了一個對觸發反應稍有不同的誤解。給這項陳述高分的人（3或4分），往往對道歉抱持懷疑態度——可能與其童年曾受到某人傷害後道歉、如此反覆所造成的痛苦經驗有關。雖然可以理解他們這種懷疑的態度，但這會令現在的伴侶難以彌補錯誤。伴侶都不是完美的，他們有時會做一些讓我們不愉快的事，如果我們不能接受道歉，會讓觸發狀況變得一次比一次令人害怕——無論是對我們還是對伴侶而言。這可能會導致伴侶如履薄冰，必須努力不要觸發對方，但這種作法通常無法維持長久。而且對於一個伴侶來說，總是必須適應另一方的每項需求和感受，也不是很健康。

雖然希望伴侶停止做會觸發我們的事並沒有錯，但能為自己被觸發的事實擔起責任會更好，如此才能以雙方合作的方式解決共同觸發反應，而非仰賴單獨一方去處理。

在做觸發功課時，我建議抱持「生活是一種練習」的心態。每當你注意到自己對某人的行為有強烈的抗拒感時，讓自己對這件事產生好奇心，試著找出任何讓你一直批判或抗拒的事，或任何你試圖讓別人改變以免觸發你的行為。這麼做可以讓你滿足什麼樣的需求？（如感覺被愛或滿意）當你能辨識這種需求時，就

改變或隱藏自己真正的需求，以維持家庭系統中的平衡與安寧。行為表現良好，能讓這個孩子或青少年可以遠離爭執火線，或有助於減輕父母的負擔與壓力。孩子得依賴父母生存，因此以順應他人的方式來幫助父母是一種聰明的選擇，於是表現良好、盡量不掀起風浪，便成為這個人的主要人格策略。

對於一些人來說，他們的家庭關係可能沒那麼緊張，但他們仍然不喜歡惹惱別人或做任何引起煩惱、失望或別人不贊成的事，因此為了避免這些狀況，他們改變自己去順應他人。不管什麼原因，這些人在成長過程中，可能把太多的注意力集中在他人的所作所為上，從而限制了真實的自我表達。

常常順應他人、避免讓別人感到不舒服或不贊同的行為，不一定表示這些人在功能障礙的家庭中長大。有些人形成這種反應，是因為在學校的同儕間有過不好的經歷，慢慢養成了他們在團體中對別人的負評特別敏感。我曾見過在密切互動的團體中——鼓勵成員對別人行為造成的影響給予回饋——特別容易催化觸發反應。通常在這類團體或一些工作組織的會議中，一個人從團體中另一個人那裡得到負面回饋是很常見的。但我曾見過的案例是：得到負面回饋的人立即制定了一條規則，那就是大家不應該再重複做或說那件被批評的事——只因團體中某個人不喜歡那件事。我還記得另一個案例，團體中的某人被問到一個問題，他說：「我不想回答這個問題。」然後有人對他說：「我覺得這樣很隨便，你為什麼不想回答？」那個人看著地板沒有回應，但幾分鐘過後，他卻突然聲明，「我想，在這個團體中，我們應該回答別人提出的每一個問題。」當有人不同意時，通常我們會認為自己做錯了。

我們必須接受一個事實，那就是有時我們無意中會觸發一些人，但可能永遠無法完全理解為什麼。透過掌握本書中的各種練習，你將能夠接受：所有的自我表達都帶著有人不同意或不贊成的風險，你將學會快速的從觸發反應中恢復，無論那是你自己或他人的觸發反應。

抗拒是正常的

儘管**觸發**一詞已成為日常用語的一部分，但當我們產生情緒反應時，大多數人仍很難接受一個事實，那就是觸發反應其實是完全屬於自己的事。它源自我們的內在世界，如果別人說的話觸發不安全或痛苦的感覺，這種痛苦其實早在我們內心等著被啟動，然而即使我們理智上能接受，情感上可能仍有一些抗拒。

以下是學習接受過程中三種最常見的情緒障礙：

1. **羞愧感**——深信如果我會被觸發，應該是我有缺陷、我這個人一定有什麼嚴重的問題。

2. **不信任**——擔心如果我把自己的觸發反應都當作「自己的事」，並對那些因各種行為觸發我的人變得更寬容，不就等於給他們一張特別通行證，讓其隨心所欲、不用修正自己的行為。

3. **保護自己的父母**——需要認為自己的童年是幸福的、自己的父母也是好人。

羞愧感

羞愧感的根源，可能來自童年的虐待或忽視，例如，孩子可能會想**「這個人會這樣對待我，一定是我不值得」**。羞愧感也可能來自一次公共場合中痛苦的失敗經驗，在這個經歷中，孩子因為自己做得不好而感到很差勁或丟臉；另外，也可能是童年時期持續過著被過度控制的生活，導致孩子認為自己不被允許擁有自主的權力，會認為我無所謂、我沒有價值。羞愧感還可能來自一個可怕的遭遇或曾犯下的可怕行為（即使是個意外）。無論是哪種原因，羞愧感會讓我們想要隱藏、不想被看見，即使我們在其他時候需要被看見的渴望也很強烈。羞恥的解藥是「自我疼惜」——發揮與生俱來的療癒力量，也就是啟動「好母親原型」，這是人類在無意識中可以給予滋養和無條件去愛的本能。「和感受及情緒待在一起」的練習（第36頁），將向你展示如何接近內在的「好母親」。

不信任

當我與來諮商的伴侶一起進行觸發功課時，有時會聽到其中一人抗議，「為什麼是我要改變？為什麼我要當成熟的那個人？這只會讓我的伴侶繼續不成熟和自私，況且他可能會利用我承認自己的不安全感來做為對付我的手段，以後就只會怪我沒有安全感。」事實上，當一個人會這樣說，是因為他們怕受到傷害，他們相信自己過去已經努力嘗試變「成熟」，但是他們的伴侶既不珍惜也不表示讚賞。或者他們認為自己嘗試過示弱，換來的卻是飽受批評。所以他們不願再做任何內在的功課，認為應該輪到伴侶去做他的功課了。

不幸的是，無論過去曾發生過什麼，讓這個人拿來編造恐懼故事（例如，「如果我示弱，他們就會用它來對付我」）的材料，可能是一個從未得到修復的共同觸發事件（或一系列事件），到了現在，幾乎不可能搞清楚當初到底發生了什麼。當關係間的裂痕沒有修補，人會在長期記憶中以恐懼為基礎，儲存有關伴侶觸發反應的故事，這樣的故事很難消除。因為闡釋事件時，正處在高階大腦功能關閉的時刻，實際發生的事完全沒有記錄下來。就算有紀錄，被觸發的大腦也會透過無意識中恐懼的濾鏡來解釋事件，所以不太可能保持客觀。這種關係中的不信任感，可以透過持續練習本書各種關於觸發功課的技巧來療癒，直到雙方終於了解他們對彼此不信任的想法，其實是我所稱的「反應故事」或「恐懼故事」。緊抓著這類反應故事是一種徵兆，表示我們正處於被觸發的狀態，最好看待這些故事像看待任何觸發反應一樣。如果我們能把這些不信任的想法都貼上「恐懼故事」的標籤，它們對我們的控制力就會減少。

保護父母

許多孩子在童年時期就學會保護或照顧父母，他們試著不要提出太多要求、否認自己的需求和傷痛、為父母不成熟的行為找藉口，於是到了成年後，仍然繼續這種保護父母的模式，忽視或最小化父母的缺點和糟糕的決定，並否認自己有任何未解決的童年創傷。像這樣需要否認或保護的起因有很多，當我們探索觸發反應時，這種需求會變得很明顯，但隨著我們容忍能力增加，可以與我們被忽視、虐待或受創傷的痛苦情緒「待在一起」，這種需求就會消失。

保護父母好名聲的模式，也可能出於一種將正面自我形象投射在父母身上的需求，才能補償自我形象中的匱乏或缺陷。這種正面的偏見可能會被放大，擴展成我們對自己整個童年和原生家庭的保護模式。

當人剛開始探究自己童年需求的滿足程度時，他們可能真的相信自己不會被觸發，而且父母是非常理想的。但隨著持續探索，他們可能會回憶起一些父母讓他們失望或無法滿足需求的事件，然而沒有任何父母可以滿足孩子的每項需求，所以一些童年挫折是孩子成長的必要部分。到了最後，多數人會回憶起小時候感受到的一些痛苦、失望或沮喪，在回憶這些童年失落時感到悲傷，並不表示這個人的父母不好，也不是要他們將悲傷的感覺歸咎於父母，更重要的是對這個年幼的自己、對小時候經歷的一些悲傷事件給予疼惜。

接受生命中的各種事實，包括童年的家庭生活狀況，就是療癒自己的第一步。

接納帶來的回饋

當更深入了解自己和他人的各種觸發反應後，會讓你產生一種世界觀：生活中出現的一切都是可接受及可掌握處理的。你也許不喜歡某個沒什麼必要的事，但它就是發生了，所以問題變成：我對它有什麼感覺？怎麼樣才能以愛自己的方式與這感覺共處？該如何以一種尊重自己的方式處理它？當你對一個事件——包括一些常見的刺激，例如，對某人的語氣感到抗拒，想想這種抗拒感的根源來自哪一種內在的恐懼或不安全感？這種恐懼有多少成分是來自當下或現實？如果它不是當下或現實的，那麼你的恐懼可能就是觸發反應的某種呈現。一旦你接受它是一種觸發反應，就有能力做些有建設性的事（而不是停留在抗拒、無意識反應或否認中）。

一旦你學會帶著同理心、疼惜心接受任何羞愧或抗拒，就更容易接受自己的觸發反應，並能更快速從被觸發的狀態回復平衡。本書第一部中的各種練習教你：一旦接受了觸發反應，就可以做些什麼來恢復內心的平靜、自信、價值感和安全感。

從抗拒事實到接受事實間，有許多內在功課要做，之後才能慢慢讓自己**與事實本質建立新的關係**，而面對各種觸發時亦如此。本書不僅教你如何更容易接納發生在你內在的觸發反應，也教你如何接受生活中其他人被觸發的狀況。在練習接納的功課中，兩者同樣重要。

學習接納自己，可以幫助你將所有的精力和注意力集中在你能夠控制的現實部分——你自己的想法、感受和行為，以及當有人在你面前被觸發時能學到什麼。試圖控制別人的反應或他人對你的看法，只是在浪費力氣。更好的計畫是，看看各種引發觸發的事件可以如何幫助你，更深刻的去理解那個被制約的心靈。

第三章 學習你獨特的觸發特徵：覺察早期預警信號

了解你的觸發特徵可以幫助你，注意到自己被觸發或即將被觸發的早期預警信號，然後就能夠在造成更大傷害前覺察，並停止反應。

當你被觸發時，通常會表現出一組反應行為、感覺和想法，你可能會感覺自己膨脹變大或想要退縮躲藏、你的身體可能會變炙熱而激動或整個凍結封閉。了解你的觸發特徵，可以幫助你注意到自己被觸發或即將被觸發的早期預警信號，然後就能在造成更大傷害前覺察，並停止反應。

如之前提到的，人被觸發後往往會呈現不同程度的戰鬥、逃跑或凍結模式。其中戰鬥反應包括爭吵、大喊大叫和質疑，會讓你以咄咄逼人或追趕的方式**衝向**

或抵抗他人。逃跑反應包括防禦、解釋、忽視和出走，讓你**遠離**他人，或者在自己和他人間**樹立某種防護網**。至於各種凍結反應——就像車燈照射下野鹿的反應，變得茫然、麻木、露出機器人般的微笑——無法往前衝、抵抗或逃離，就好像你**被困住**、**無法動彈**、脫離、麻木、解離。有些作者覺得在以上三種反應之外，還要增加兩種原始行為類型：屈服和討好，但我認為屈服和討好是凍結反應下的子類型。屈服意謂著崩潰、放棄、變得被動，或想像自己別無選擇只能屈服。討好代表當面對一個你感覺具有侵犯性和攻擊性的人時，會形塑你的行為，變成一種安撫緩解或沒有威脅性的樣子——機器人的微笑就是一個例子。

通常大多數人可以立即識別出他們傾向於哪一種類型：戰鬥、逃跑或凍結。想想你自己的狀況：當你被觸發時，哪種傾向會接管你的神經系統？一旦你確定了自己傾向於哪種類型，下一個更有用的步驟是，將實際的感受、想法和做過的事明確條列出來，這些就是你觸發特徵的完整樣貌。讓我們一起來做以下的練習。

回憶你的觸發反應

回想一下你被觸發時的狀況：當時是在怎麼樣的狀態、實際發生了什麼事啟動了觸發反應？試著回憶你所在的地方，當時對方做了什麼或說了什麼？你還記得感受到什麼情緒嗎？身體裡又有什麼樣的感覺？你的想法是什麼？你是否有外顯的反應（如出走），還是更偏向內在的反應（如腦筋一片空白）？詳細回顧這段記憶中的各個細節，簡單記下一種或多種情緒（如憤怒）、一種或多種身體感覺（如腹部的緊繃感），以及一種或多種想法——你的反應故事或自我對話（如「沒有人在乎我要說什麼」），然後添加對你內在或外在反應的描述，例如，「我完全凍結了、我不再聆聽、我聽不見那個人在說什麼。」

請進行至少五個不同狀況的觸發反應分析。如果你願意，現在就暫停一下，回憶五個被觸發的狀況，或者在接下來的幾週內，把這項分析做為自己的日記作業。不一定要特地尋找那種很明顯已被觸發的事件，只需要回想那些生氣、受傷、憤怒、沮喪、怨恨、困惑、麻木、不知所措、絕望、失望、評價、批判、憤慨或震驚的時刻，或者回想讓你感到被背叛、批評、被忽視、被遺忘、不被尊重、孤獨、被攻擊、被指責、不被看重、不被愛、不需要、不被信任或不被接受的時候。雖然感覺被忽視、被批評等等，這些其實不是真實的感覺——它們只是你將自己的核心恐懼投射到另一人的行為上，但這些仍是開始探索過程的好起點。

對於每個例子，回想一下內在和外在的反應：你是否大喊大叫、爆炸、批判、抱怨、催促、爭論、質疑、試圖忽略、嘲笑、為自己辯護、解釋、私下默默批判或生悶氣、沉默不語、凍結、給建議、訓斥、說教、重複自己的話、威脅、責備、出走、充滿報復性的想法、計畫逃跑、對別人空想、發誓不再關心、哭泣或沮喪？你可以利用這些詞彙來幫助你，列出各種觸發反應或反應性的行為。

以下是一位個案凱倫的例子，我想藉由她來做進一步的說明。為了要辨識凱倫的觸發特徵，她以「感覺被排除在外」當作切入點。凱倫剛與提姆結婚，而他有一個十四歲的女兒琳賽。在琳賽一生多數的時間裡，提姆都扮演單親父親的角色。在凱倫與提姆交往的過程中，每當提姆和琳賽私下談話、把凱倫排除在外時，凱倫總是會感到沮喪，她希望婚後自己成為琳賽的繼母時，事情會有所不同。在提姆和凱倫結婚約十個月後，琳賽問提姆，她是否可以在某個非週末的晚上在朋友家過夜？提姆答應了。那天晚上稍晚，提姆告訴凱倫自己的決定，凱倫回答說：「她的家庭作業怎麼辦？我以為我們都同意在她成績進步之前，必須向我們證明她睡前都會做完功課。」凱倫很生氣、失望、受傷，她被觸發了。那一刻，凱倫很想抱怨提姆過去也做過類似的事情，讓她至今還很生氣，但她仍專注在當下這件事。後來當凱倫要練習確認自己的觸發特徵而回想起這件事時，她讚賞自己當時並沒有因為抱怨提姆過去的錯誤，而導致惡劣局勢升溫。

在分析構成觸發的不同元素時，很容易識別出凱倫內心的**反應故事**，「他把琳賽放在我之前……我在這裡不重要。」接著，她確定了自己的**反應情緒**：憤怒、失望、傷痛和有一點自以為是。然後，她回想起自己的**身體感覺**——緊繃的下巴、發熱的臉。最後，她認識到自己的**反應行為**是以一種「合乎邏輯的爭論」方式來表現，「我以為我們都同意，她必須向我們證明她已經完成了她的功課。」

如果凱倫要練習分析其他五種不同的觸發情節，其中大多數可能會像上述故事一樣，有相似的狀況：

- 提姆以某種方式讓她失望。
- 凱倫生氣了，但試圖把事情做對——用理性和邏輯來論證她的觀點。
- 凱倫體驗到高度激動和緊繃的身體感覺。
- 凱倫內心的故事描述自己沒有被善待（不被愛、沒有價值、不重要、不被考慮、被遺漏）。

在這五種觸發情境中，可能會顯露一些稍微不同的反應，但多數人都只擁有一或兩個觸發特徵，如果我們非常仔細分析這些內容，可能會發現兩個看似不同的特徵，實際上來自同一個恐懼的根源，如害怕自己不重要。

批判性思維

有些觸發反應很容易在自己和他人身上察覺——如生氣、怨恨和暴怒；有一些則是在別人身上較難察覺、但在我們自己身上卻很容易被注意——如感覺受傷、悲哀、恐懼、不知所措、絕望等等；最後，有些觸發反應甚至對我們自己來說都不明顯——至少，我們一般不會認為這些是被觸發的跡象，例如，批判性的想法，或想像其他人可以或應該如何表現等等都屬於這個類別。對於某些人來說，具批判性的想法對他們的個性似乎很自然，不會將其歸類為被觸發的證據，但我會，在我從事這個職業的五十五年裡，已經看過夠多案例，認識到人們經常認為自己的行為是理性的——他們的判斷、故事或解釋都是真實或正確的——實際上，他們已被觸發而無法認清事實狀況，透過自己的某種核心恐懼來判斷事實，甚至沒有意識到自己帶著這個核心恐懼。他們把批評他人當作是生活特有的一種姿態，其實那不過是避免面對自己內在不安全感的好方法。

將批判性的想法視為一種觸發特徵，並不一定表示批評是錯誤的。例如，在凱倫的案例中，她批評提姆對琳賽過於寬容，這在很多時候可能是準確的，它可能是提姆的性格缺陷之一，但凱倫的批評仍與她的觸發反應有關。她對提姆的寬容感到內心痛苦，因為她對其行為賦予了意義：透過那些寬容，提姆似乎更重視琳賽的需求而不是凱倫的，這就是為什麼她認為「我不被放在第一位」。換句話說，凱倫的批評反映了她感到「自己不重要」的核心恐懼，也反映她的核心需求：需要感到自己被包含在任何決定中、需要感覺自己被放在第一位。

許多狀況下，批評或批判性的想法會出現，通常都是因為我們感到某些情緒上的不安全，或擔心某些我們非常依賴的核心需求無法得到滿足，因此，我們的批判或批評成為一種反應性行為。有時因為是對方的行為在我們心中引發了這種反應，導致沒有覺察自己那些批判想法底下的情緒反應，我們可能深陷於自己的恐懼故事中（「我不被放在第一位」），當被觸發時，內在的「觀察者」也失去作用。然而，如果我們可以暫停並保持冷靜，便能有意識地啟動我們的「觀察者」，然後就會看到，有一個核心恐懼需要我們去同理和疼惜。

區分直覺和恐懼

觸發反應可以披上看似理性的外衣。如果你的直覺告訴你，你的情感伴侶有外遇怎麼辦？例如，你的伴侶在某個晚上的回家時間非常晚。如果你已經知道自己的觸發特徵包含一種核心恐懼，是怕自己被遺棄，那將如何處理當前這個問題？你應該相信你的直覺，還是把這種感覺當作觸發反應？答案是：當你的情緒安全感受到威脅時，在專注於得到「事實」（詢問你的伴侶為什麼晚歸等等）之前，先覺察任何可能隱藏在「需要知道真相」下的反應性情緒——停下來注意是否有失望和傷痛的感覺，或感到不被重視或自己不重要。回想是否在過去也有類似的感覺，然後為浮現的任何感覺或記憶留出空間，如果出現恐懼或痛苦，試著讓自己變柔軟，溫柔地對待自己這個恐懼或傷痛的部分。

一旦你以這種方式與自己建立了深厚的聯繫，那麼你就處於一個更開放的心態，準備好與你的伴侶根據發生的實際狀況進行對話。為了敞開心胸聽伴侶的敘述，首先你需要覺察內在出現的任何恐懼，而如果僅為了認識你的觸發特徵，只要描述出你的反應行為、你的反應情緒和身體感受、你的反應故事（或恐懼故事）、你的核心恐懼及你的核心需求就足夠了。這將幫助你認識到一種可能性：即有些感覺看似像是你的直覺，但那可能只是你的恐懼故事。

米婭和約翰：如何發現一個人的觸發特徵

為了說明如何辨識觸發特徵，下面以我合作過的實際個案為基礎所做的假設性案例。

米婭和約翰約會了六個月，他們住在不同城市，彼此之間有些距離，所以每個月只能見面一週。在見面約會外的其他日子，他們幾乎每天都會透過Zoom或FaceTime視訊聊天。在性方面，他們同意只擁有單一伴侶。兩人不斷重複遇到的一個問題是，約翰喜歡非常詳細地報告分開幾天內的活動，也希望米婭可以鉅細靡遺地分享，這有助於他感到安全。約翰是在單親母親的撫養下長大，母親有種習慣，如果對約翰做過或說過的事不滿意，就會沉默好幾天，這對年幼的約翰來說，感覺就像自己被拋棄了，他不明白母親發生了什麼，猜想她對自己懷有怨恨，因此感到無助和失控。約翰的前女友也有一種安靜、有點隱祕的天性，最後因為她有了一段祕密戀情而導致關係結束。因此，約翰在與米婭的關係中帶著被遺棄的恐懼。這是他的核心恐懼、最根本的觸發因素——害怕被拋棄、害怕有人安靜下來、切斷他所依賴的安全感。如果他能覺知自己對沉默和保密的過度敏感，就能健康的懷疑自己對女友守著祕密或有外遇的「直覺」，他了解這可能是自己的恐懼在說話，而不是他的直覺。

然而，米婭不願意依照約翰想要的方式，事無鉅細分享她的日常活動，而且她的互動方式更注重個人隱私，說話也不太流利。她小時候學到了一個經驗，就是愈誠實與母親分享自己的活動，就愈容易被否定。米婭回憶起十幾歲時，曾有幾次向母親講述她的社交和感情生活，母親卻提出了一連串帶著指責的質問，就像母親試圖要找出她做錯了什麼，或不認為米婭有能力自己決定。隨著這種情況持續發生，米婭對別人傳達給她的負面訊息——說她是壞的、錯的、無能的或不夠好，變得愈來愈敏感，這成了她的核心恐懼和主要的觸發因素——害怕自己（被視為）壞的或錯誤的，害怕有人把她想得很糟糕、沒有看見真正的她、對她下錯誤的判斷。

米婭和約翰陷入迴圈

這種性格差異導致米婭和約翰陷入了反應迴圈。在FaceTime視訊通話中，約翰問米婭，「你最近在忙什麼？都和誰在一起？」沉默了幾秒後，她回答說：「哦，我，嗯，只有薇拉……和她男朋友。」約翰對她的回應不滿意，想要更多的訊息，他內在的反應故事是：她沒有依照我想要的方式互動，也許她根本不想。他繼續追問：「就這樣？那個男朋友是什麼人？我怎麼不知道她有男朋友，是新認識的嗎？」

現在，米婭開始感到胸口有壓力、喉嚨緊繃。心想：他對我很失望，怎麼做才能滿足這個人？這是她的反應故事。她經歷了輕微的凍結反應，但她試圖用自己熟悉的輕鬆、幾乎是愉悅的態度來克服這一點，她說：「我不清楚他們的狀況，已經分分合合一段時間了，現在又重新開始。」聽到這裡，約翰更無法信任米婭的開朗，心想，那傢伙是不是被米婭吸引？或米婭被他吸引住了？但他說：「你還好嗎？你聽起來很緊張。」這個問題讓米婭陷入全面觸發反應的狀態，回答說：「我還好嗎？我還好嗎？你到底想說什麼？我為什麼不好呢?!」聽到這句話，約翰也憤怒回應，「我知道背後一定還有更多，你在試著保護某些事，為什麼不直接回答我的問題?!」

約翰的觸發特徵

這只是約翰和米婭間幾次類似的交流之一，但我們由此就可以大致了解約翰的觸發特徵：

1. 約翰的核心恐懼是被拋棄的恐懼，這是在他童年的關係中曾經經歷過的。遇到米婭前，他已經很了解自己，包括被觸發時有什麼感覺，他的觸發特徵包括一種熟悉的孤獨感、不被回應、不被關心、無法滿足期待。

2. 約翰的反應故事是「米婭沒有回答他，也許她根本無法回答」。在約翰的自我對話中，這種想法一直出現，這是他觸發特徵的另一面向：傾向於關注對方沒有做到的事情，例如，他會特別注意誰「沒有站在我這邊」。知道了這一點，約翰可以學習去覺察這種自我對話。

3. 約翰的反應性情緒往往是憤怒或煩躁，這對了解他的觸發特徵是很有用的資訊。他可以藉此幫助自己識別正在發生的事：如果我感到憤怒或煩躁，可能是我被觸發了。

4. 約翰除了有內心的自我對話和憤怒的反應情緒之外，還伴隨空虛或飢餓的身體感覺，他感到正在失去某些東西、有人正在遠離他，他也經常感到一種微妙的身體衝動，想去追趕或跟隨米婭。最後，他可以把這些反應性的身體感覺，添加到他「被觸發的跡象」清單中。

一旦約翰將上述所有面向都標識到自己的觸發特徵中，就可以把它們當作被觸發的「早期預警信號」。事實上，只要他注意到這些反應中的其中一個，就可以知道自己可能被觸發了，最好不要等到所有典型的觸發反應都出現才警覺。有些人比較能覺察腦子裡的想法，而不太能意識到身體的感覺，這類人就需要注意自己腦子裡的想法、解釋、假設、懷疑、恐懼故事或自我對話，都潛伏著核心恐懼。至於其他，有些人比較容易覺察情緒，有些人則對身體感覺較敏感。對多數人來說，想法最具有誤導性，往往會讓他們認為自己很理性或客觀，但實際上並非如此。思想來自小我意識（ego-mind），而小我意識習慣製造聽起來合理的藉口——以一種讓人自我形象完好無損的方式去合理化事件。一定要注意這類自我合理化的內心故事！每個人偶爾都會這麼做，而這表示你被觸發了。

基於上述兩人間的互動，我們也可以識別構成米婭觸發特徵的主要元素。讓我們回顧一下有哪些指標：

1. 米婭的**核心恐懼**是：害怕自己不夠好。當她認為自己被批判、評斷、誤解或被視為壞人、犯錯、不值得信任、無能為力時，就會做出反應。與約翰相反，她並不那麼擔心自己是否被愛，而是擔心自己是否被視為一個善良、有價值、有能力的人。要記住，並非每個人都有同樣的核心恐懼，當然，我們都希望被愛、被尊重、被認為是好的，但我們最深的不安全感與我們成長早期的需求挫折有關。和約翰一樣，米婭在早期的關係中也觸碰過自己的核心恐懼，所以她對自己已經有些了解。

2. 米婭的反應故事反映在她的自我對話中，「他對我很失望，怎麼做才能滿足這個人？」這種自我對話揭示了米婭紓解自己的核心恐懼、排除自己不夠好念頭的方式，是做出「約翰很難得到滿足」的判斷。

3. 當米婭被觸發時，她的反應情緒包括兩種衝動：想要逃脫和想要在自我防衛中反擊，有時她也有放棄的衝動。完全不說話是她保持安全的首選策略之一，然而在這次的互動中最明顯的卻是她的憤怒、防禦、提高聲調的意見，「我還好嗎？我為什麼不好呢?!」隨著這種攻擊性的爆發，米婭可以清楚看見自己處於觸發狀態。

4. 在約翰開場的問題，「你最近在忙什麼？都和誰在一起？」之後，米婭就產生反應性的身體感覺，包括感到緊張和戒備，她注意到喉嚨和胸口緊綳，因約翰的問題本身就足以讓她感到不舒服，並經歷一種凍結型的身體反應。透過練習她會認識到，自己產生試著克服這些感官的企圖，就是被觸發的徵兆。

最後，如果米婭展現出上述指標中的任何一個，就表示被觸發了，她不需要等到所有觸發反應都出現。試著認識所有的早期預警信號是件好事，因為大多數人一次只能注意到其中一、兩個。

辨識你自己獨特的觸發特徵

了解你的觸發特徵有助於你防止不必要的心痛和衝突，因為它幫助你：

1. 在觸發的狀態中暫停：停止說話、停止打字、停止想像事物、停止出走。
2. 明白當自己被觸發時，不是發送咆哮訊息、辭職或告訴你的配偶「我想離婚」的最好時機。

3. 避免透過觸發另一個人或火上澆油來損害一段關係。

4. 透過停止自我毀滅的行為和想法來避免傷害自己。

現在花點時間更仔細的想想自己的觸發特徵，回想從前發生過的一個觸發事件，仔細探究其中包括哪些核心恐懼、反應故事、反應性情緒和身體反應，你沒有必要辨識出所有內容，正如我在約翰和米婭的例子中指出的，只需要注意到一個提示，就知道我們被觸發或開始被觸發了。對你來說最容易識別的線索是什麼？你是否會提高聲調？感到胸口破洞或呼吸困難？你是否感到有點麻木？或者試圖用理性爭辯為自己辯護？你的辯護真的是合理的嗎？

它還可以幫助你確定自己在被觸發時，是偏向戰鬥、逃跑或凍結中的哪一模式，三個模式分別都有自己的特徵和典型的反應行為。戰鬥模式的特點是憤怒、煩躁、厭惡等情緒，會產生批判、指責、歸咎或批評的自我對話，而身體感覺包括：緊握的拳頭或緊張的下巴、胃打結、能量向上流動造成臉發熱，以及產生對抗和追逐的衝動。逃跑模式較可能帶來悲傷、恐慌、焦慮、恐懼和絕望等情緒，自我對話的內容具有防禦性、解釋、自我辯護或試圖弄清楚如何改變和避免這種情況，產生的身體感覺如胸口沉重、喉嚨緊繃、眼睛或頭部的緊張增加、坐立不安，也會產生想要逃跑或躲藏的衝動。對於凍結模式最好的描述就像是野鹿在車燈照射下的反應；凍結會帶來困惑、不知所措、震驚、空白、情緒封閉和解離等感覺，自我對話的內容可能像是：**到底發生了什麼？我不知道該怎麼辦，我是怎麼走到這一步的？**身體的感覺則包括：麻木或完全沒有任何感覺、產生不自主的行為如顫抖或自我舒緩的動作。

當你探究自己的觸發特徵時，記得給自己多一點同理心和疼惜。這種探究需要一定程度的謙卑：對認識自我的願望大於讓自己看起來很好，而識別觸發特徵的第一步，就只是接受你自己確實被觸發了。事實上，會注意到自己被觸發，部分原因可能是認識到你很容易因為自己的觸發反應而責怪別人、因為你的自尊和驕傲無法讓你承認自己的恐懼故事，所以你會認為被觸發的人都是有問題或瘋狂的。如果你在被觸發時會對自己感到羞恥或自我批判，請暫停片刻，看看你是否可以走出自我、俯瞰自己——有點像在看電影，看著這個人對自己被觸發產生自我貶低的判斷，去覺察在被觸發後產生的內在信念，這些信念使這個人感到不值得被愛。當你看著這個人就像在看一場電影時，感覺如何？你認同那個充滿批判的內在批評者，還是被批判的人？或者，你覺得自己更像是現場最公正的見證者——與這個人內心衝突的部分脫離？你看著這部電影的整體感覺如何？

接受觸發反應的種種狀況並不容易，但你可能需要先接受自己會被觸發的這個事實，你可能不得不接受自己會對被觸發的自己感到羞恥、自我批判或蔑視，但真的可以放心，這是一條通往內在新天地的道路，也許會來到一個更有愛或更能原諒自己的地方，而道路的起點就是從你現在所處的位置開始，而「在你當下所在之處」正是這些觸發功課和這本書最重要的主題。

第四章

暫停以調整自己：恢復內在的安全感

暫停很重要，可以阻止你做或說一些讓衝突升級、讓自己或另一個人再次受傷，或造成更多其他傷害的事。

觸發反應就像一列失控的貨運列車，一旦啟動就不容易停止，如果沒有煞車能力，就會造成極大的損害。因此，我們需要開發內在的煞車系統，其中包括覺察一或多面向的觸發信號，並立即停止正在做的任何事情，甚至停止頭腦裡正在想的事，但這並不容易，需要許多練習，特別是一開始失敗會多於成功，以致無法盡快停下來。

然而暫停很重要，可以阻止你做或說一些讓衝突升級、讓自己或另一個人再次受傷，或造成更多其他傷害的事。

記住，當我們的動物本能占上風時，任何事情都會發生，可能會對刺耳的聲調或不中聽的話做出反應，就好像把對方當成是攻擊我們的敵人一樣。當一個陷入盲目憤怒的人被觸發時，永遠不會帶來任何好處。

需要暫停的另一個原因是，它可以幫助你發展自主控制內在反應的能力，學會有意識地選擇介入一連串原始、自動反射式的行為（戰鬥、逃跑或凍結）中。透過練習，你可以學會中斷你的動物本能，放慢一切的速度——有意識地讓呼吸慢下來，也讓快速運轉的想法安靜下來。

要學會暫停，一開始是困難的，因為在神經系統中，被觸發的神經化學反應具有巨大的力量和影響力，這些反應是我們原始生存機制的一部分，凌駕於推理、權衡選擇、思考問題的能力之上，足以壓倒我們。

我們如何學會暫停以減緩逃跑的反應？可能需要透過刻意努力，並相信自己可以做得到。在觸發功課的五個步驟中，暫停以調整自己是第三個步驟。透過本章的練習，可以幫助你學會暫停、回復平靜，但書中其他章節的練習也是幫助暫停的重要功課，當你更能接受自己被觸發，並能識別觸發信號的次數愈多，就愈容易讓自己暫停下來，而在你平靜下來後，會發現其中藏有更大的獎勵（如後面的章節所示）。

暫停是什麼意思？

要掌握暫停的藝術，你需要覺察自己某個早期預警信號正在發生，然後不假思索地停止你正在做的事。你可以默念「暫停」，或創造一些其他信號來提醒自己停止反應。所謂的「其他信號」，可以是一個不同的詞彙，一個總是能讓你感到安全的信號，也可以用身體姿勢做為你的提醒——例如，觸摸那些產生身體反應知覺的部位，或者把手放在嘴上提醒自己閉嘴。

請與自己達成協議，在觸發反應產生第一個跡象時，使用此暫停信號。但即使你錯過了第一個跡象，導致觸發反應繼續進行了一段時間，也要試著儘快暫停。延遲總比沒有好，況且延遲實際上已是多數人能做到的最好狀況。

大多數時候，觸發反應都是發生在另一個人面前，因此，與他人達成暫停協議也會有所幫助。理想情況下，你和這個人可以事先討論在觸發時暫停的價值，並達成一個共識：如果任何一個人使用暫停信號——無論是說出「暫停」這個詞，還是其他方式，兩個人都會停止他們正在做的事和說的話，無需解釋，讓一切都停止；當然，如果兩個人都同意這樣做，那麼在發生爭執的過程中要兩人都暫停下來會容易得多。

建立與他人的暫停協議

與他人建立暫停協議的第一步，是讓大家一起確認這是件好事——每個人都應該看到在造成更多損害前，停止反應行為的價值（了解有關與親密伴侶間協議暫停的更多資訊，請參閱第七章）。然後，你們可以一起決定一個容易記住且沒有負面感受的單詞或簡單句子，例如，「停止」這個詞雖然看起來很具功能性，但不少人發現這個詞帶有很多包袱，常常讓人聯想到孩童時期被告知要停止某些行為。「休息」是另一個常用的詞，對某些人適用，但有些人不適用。選擇「暫停」通常是因為這個詞是中性的，無論如何，最重要的還是每個人都能同意暫停信號。

此外，無論使用什麼詞彙，請嘗試用中性的語氣說出來，或者更好的方式是用友好的語氣說出來。起初可能很難，需要多練習，隨著練習而來的是熟練的技巧，而熟練會帶來更多輕鬆，輕鬆帶來更多友善的感受。

暫停協議的重點是，如果有人發出暫停信號，每個人都要立即停止說話，甚至話還沒說完也必須停下來。這種暫停的目的不是讓某人閉嘴——即使可能真的會讓人產生這種錯覺；當你暫停下來時，雙方都有時間讓自己冷靜一下，並向自己確認你並未面臨任何真正的危險，還可利用暫停時給自己多點疼惜和同理心。關於自我疼惜的內容將在下一章中討論。

暫停協議的最後一個重點是，決定嘗試再次進行交談之前，雙方要暫停多長時間才足夠？每個人需要多長時間才能夠冷靜和開放以進行關係修復？在兩人關係中，例如，一對親密的伴侶，最好的練習方式是，將過程分成兩個階段：首先，當有人發出暫停信號時，兩個人都停止說話，慢慢深呼吸十次。其次，假設十次呼吸有所幫助，則可以一起思考暫停時間應該是短（十到十五分鐘）、中（一到三個小時），還是長（三到八個小時）。如果暫停時間是十五分鐘或更長時間，人們通常可以移動至不同房間或位置，各自獨處。雖然沒人能確切知道每個人各自需要多長時間，但像這樣估算短、中、長時間的方式，還是會給你一些訊息：它肯定了兩人都打算回來修復的意圖，而不是打算放棄、希望這個事件消失。這個時間協議告訴你，過些時候你們會再度相互確認：我們是否準備好繼續前進、修復剛剛發生的事情，或者我們中的一個人需要更多時間？（關於修復的過程會在第六章中介紹）如果其中有人需要更多時間，那麼可以簡單討論需要多長時間，才能再次互動以進行修復。

沒有一個完美的公式可以決定暫停到底需要多長時間，但是，只要一點練習和經驗，再加上一定程度的善意，這個過程就會愈來愈順利。但其中容易犯的錯誤是，如果一個人沒有按預期的時間回來互動，另一個人就可能會被再度觸發，如果發生這種情況，後者可能需要延長自己的暫停時間，才能處理這種額外的觸發反應。

團體中（即任何兩人以上的情況），暫停協議的過程略有不同，在第十章和第十一章中有更多描述。

有意識的自我平靜

說或聽到「暫停」，通常會讓人回復一些自我意識，這時就可做自我平靜的練習，時間至少三分鐘或更久，觀察並刻意放慢呼吸。這是一種歷史悠久、平靜人類神經系統的作法。

以下的呼吸練習可以在暫停期間操作，但我建議最好在沒有被觸發時就先自我練習，這樣當你被觸發時，才能更容易用上它。找到一個安全、舒適的地方坐下或躺下，如果你感覺自在，也可以閉上眼睛；用鼻子呼吸、氣息進來又出去時，試著把注意力放在身體的感覺上，一開始只需要觀察，這樣做一段時間後，讓你的呼吸變得更慢、更深，想像整個軀幹就像一個氣球，隨著吸氣膨脹，然後隨著吐氣放下和放鬆，在每次吐氣結束時休息一下。這樣做一段時間，集中注意力延長你的吐氣時間，每次吐氣時感覺自己愈來愈放鬆，放下緊張，放下各種想法。許多人發現，理想的節奏是吸氣四次、吐氣六到八次，腦科學家發現，這種節律會啟動迷走神經（vagus nerve），將放鬆激素釋放到整個身體，但即使你只是在吐氣結束時休息一下，放鬆效果也會是相似的。

當反應性思緒進入腦海，你不自覺地把注意力從呼吸上移開時，不要抗拒或製造更多問題，只需將注意力輕輕的移回吸氣吐氣的身體感覺即可，吸氣時感覺你的軀幹和腹部膨脹，吐氣時感覺胸部和肩膀放鬆、感覺臉部和下巴的肌肉也放鬆。掃描你的身體，尋找仍然緊繃的區域，看看是否可透過想像你正在這些部位吸氣吐氣，來為這些區域帶來更寬敞的空間。

這種有意識的自我平靜練習應該在暫停時間操作。雖然暫停原是為了阻止觸發反應對你的安全感和連結感造成進一步傷害，但暫停也給了自己時間去撫平神經系統，讓高階大腦功能可以恢復運轉。認識如何自我調節，是一種可以讓你更健康和幸福的重要技能。

一旦你平靜下來，整個系統都感覺扎根於當下，就不再受原始爬蟲腦的擺布了。現在，你可以運用高階大腦的全部資源，平靜地評估現狀，審視造成的任何損害。你可以花一些時間消化你剛剛經歷的事情，並探究這個觸發反應與你過去的創傷或未完成的情緒事件有什麼關聯。這個探究的過程是下一章的主題，將描述如何利用每一個觸發反應做為療癒過去傷痕和創傷的入口，這也是暫停、進行自我調節最重要的好處之一——它透過疼惜自己，為自我療癒開了一條道路。

其他自我平靜的技巧

另一種很受歡迎且有效的靜心練習是，將注意力集中於坐在椅子上的身體，感覺整個人被椅子支撐著。這項練習要在沒有觸發事件的前提下操作，找一把椅子，坐在你感到舒適和安全的地方，閉上眼睛，注意你與椅子接觸的背部、臀部和大腿的感覺，也許還有手臂放在椅子扶手上的感覺。注意你吸入和呼出的氣息，如上所述，用鼻子慢慢呼吸，特別注意每次吐氣時放手和放鬆，感覺自己沉入椅子，釋放重力，當注意到椅子是如何支撐著你時，每次吐氣就再放開一點，讓自己被椅子擁抱著，感受那種所有重量被支持和撐住的感覺。

此外，在暫停時期，練習任何可從個人習慣和喋喋不休的心思抽離之冥想都是有幫助的，如果你已實踐任何一種有效的練習，請運用這項練習。

有些人發現自己很難專注在身體的感覺上，對這些人來說，心裡默數到十、二十或一百也許會有效，或者你也可能喜歡唱誦真言咒語——一個單詞或一組單詞，主要在幫助大腦集中注意力，穩定或安住下來。咒語通常適用於不熟悉自己身體感覺的人。

敲擊或EMDR（Eye Movement Desensitization and Reprocessing，眼動身心重建法）也很有用，另外如瑜伽、太極拳、氣功、誦經或數念珠等也都有幫助，有些人甚至發現跑步、散步、跳舞或舉重等都可以讓他們真正進入自己的身體感覺，試著發現最適合你自己的方法。

從過去的錯誤中汲取教訓

當人忘記暫停或沒有儘快啟動暫停時，可能會感到沮喪，並想要放棄。如果一開始發生這種情況，請不要放棄。想要縮短從觸發到暫停之間的時間，最好的方法就是利用過去的失敗做為學習的機會。以下的練習可以幫助你做到這一點：

首先，回想一個發生在你人際關係中的觸發事件，當時雙方都被觸發，而你沒有停下來。確認你沒有暫停的原因——也許有人說了「暫停」但被忽略了；也許你考慮暫停一下，但擔心會讓事態惡化；也許事情已經變得太糟糕，以致兩個人都走開了。

無論出於何種原因，現在只需辨識出它，就可以幫你體認到嘗試改變卻失敗是很常見的，因為即使你知道這是一個好方法，真的要養成一個新習慣卻不容易。試著說出你無法暫停的原因，可以幫你深入了解自己的恐懼和抗拒感，嘗試接受你的抗拒，矛盾的是，當你開始注意並接受自己的抗拒感，反而能幫助你克服這股抗拒。這似乎是人性法則——不要抗拒你的抗拒感，接受並探究你的抗拒感，聽聽它在告訴你什麼，那麼這股抗拒感很快就會消失。（需要澄清的是，這裡指的是對學習某些新的、有用的事物的抗拒感，而不是指那種為自己設定界限、健康且必須的抗拒，參見〈如果其他人被觸發且無法暫停〉一節。）

當你回憶起這件事時，想想你們兩人，在任何一方明顯被觸發之前，是否已存在某些緊張關係？是否有任何更早以前的事件或對話，從當時到現在一直沒有完整結束，或從未得到解決？有沒有什麼需要溝通的話卻沒有說出口？如果有以上狀況，你可以重頭來一遍，並想想應該如何或何時與對方進行溝通或對話。在你的腦海中練習，用確切的語句說出你本可說出來與對方溝通的話，問問自己「如果能重來一次，我希望自己怎麼回應他？」，想像自己帶著更多意識和勇氣去回應，這樣就能讓你在下次出現類似狀況時，做得更好。

接著，回想自己被觸發當時的情緒、感覺、說過的話或想法。回想一下，你的觸發特徵中有哪些指標非常明顯易見？盡可能詳細地回憶，當你注意到這些指標時，周圍發生了什麼？同時推想在一連串的反應中，什麼時刻應該暫停？想像當被觸發時，無論感覺到了什麼都設法說出「暫停」，用你的想像力感受一下那種感覺，是否感到害怕、機器化、虛假、激動、憤怒？請你接受任何真相。

如果你確實說了「暫停」，但你的要求被忽略了，該怎麼辦？如果發生這種情況，請回想你說話的方式。你的喉嚨有什麼特別的感覺嗎？你的聲音聽起來如何？身體的其他部位又感覺如何？花點時間回想一下，你能看到當時沒有注意到的東西嗎？也許實際上你說的並不是「暫停」——也許你用了一個不同的詞；也許在不知不覺中，你說了超出必要數量的詞句；或許你的聲音如此微弱，以至於幾乎聽不見。嘗試暫停卻被忽略的原因有很多，而這並不是任何人的錯，畢竟當時你們兩人都被觸發了！在現實生活中，要說出可以說服別人的話本就很困難，所以回到你的腦海中，想像自己像壞掉的唱機般，用中性語氣反覆說「暫停」，直到對方停止說話為止。雖然在現實生活中這個方式並不一定有用，但無論如何請做這個壞掉唱機式的練習，它能訓練你牢牢地標記界限——即使處在砲火轟擊之下。

有時衝突的狀況會因為其中一人出走或離開而結束，如果這是你遭遇到的狀況，且是在憤怒或沮喪中發生，那麼這不能視為暫停，應該當作是一種觸發反應。回想一下當時的場景，想想出走是如何發生的——誰做了什麼或說了什麼？你對那些又有什麼感覺？花點時間在腦中回顧。每次讓你在這些練習中回顧過往事件時，目的是為了看看現在的你，是否能比戰火交鋒的當時注意到更多正在發生的事。通常，人們會在事後才能看到更多，因為處在反思過程中，會感到比較平靜和安全。

但是，如果你在進行這些自我反思練習時，又重新被觸發，請暫停一下，並進行有意識的呼吸。你被再度觸發時會有一些指標，包括以下這些狀況：在回顧一個事件時，你還記得自己感到多麼無助和無力，而這可能會帶來反應性的情緒，如憤怒；反應性的想法，如責備。它也可能喚起核心需求的記憶，讓你感到自己被重視和尊重的需求沒有得到滿足。如果你發現自己重新被觸發了，請暫停一下，讓自己平靜下來，花一些時間，用你的溫柔與疼惜和自己脆弱、受傷的感覺在一起。下一章會提供更多激發並深化自我疼惜的練習。

當你徹底回顧一遍，看清楚自己提出暫停的要求為什麼沒有得到重視後，請再次回到記憶裡，想像自己告訴另一個人，你現在要退出這個狀況。想辦法用一些中性詞彙來做到這點，例如，你可以說：「我需要休息一下，但我會回來。」為自己寫一個簡短的腳本，即使對方還在說話時，想像自己把腳本內容說出口。請注意你在說的時候和說完之後的感受，與這些感覺待一會兒，看看是否能欣賞自己有勇氣，為了兩人好而劃定界限。現在想像自己要離開房間時，又說了幾次這句話，當然，真正現場的狀況不一定有離開的機會，例如，當時你們可能正在行駛的汽車或飛機上，這樣的狀況下，想像你跟對方說你要冥想、祈禱或「進入內心」；當你坐在伴侶旁時，想像自己往內在走進去，並做緩慢而有意識地呼吸。

多數人在做這種自我回顧的練習時會意識到的一件事是，其實他們有很多時刻可以喊暫停卻遲疑了，一味期待兩人的對話很快就會好轉，人總認為：如果我可以讓我的伴侶再聽一句，他們就會了解。當你做這項練習時，特別注意這種想法，並承認它可能只是一廂情願。這項練習的主要目標是訓練自己，看看實際上你是否可以觀察到正在進行中的觸發反應、是否能覺察觸發特徵的元素，並在需要時發出暫停信號。這項練習也讓你看見，如果能夠儘早暫停，之後要修復的損害就會更少。

如果其他人被觸發且無法暫停

有時在某些狀況下你會發現，對方在你注意到自己被觸發前就先被觸發了。也許你天生反應就不那麼激烈，或者你的觸發反應醞釀得比較慢，這對你的伴侶或其他人來說是份禮物，因為這代表你能在觸發反應升溫前，就先覺察並停止反應。在這種情況下，如果你注意到自己的反應，就像練習時一樣給出暫停信號，但不要說：「你被觸發了，我們需要暫停。」只要說「暫停」或「我需要暫停」。

如果你發現自己和一個被觸發的人在一起，而他無法或不願意暫停，建議你試著把這當作另一個做內在功課的機會。你在這段關係中可能要學習一些東西，接受這個事實：無論你多在乎這個人，有時你必須與他劃清界限，或做一些讓他不高興的事——這不是簡單的任務。你可能需要單方面暫停，並讓自己離開，否則可能會感到被困住，並逐漸怨恨你的伴侶。

記住，有些人內心背負了太多創傷、羞愧和不安全感，以致他們的神經系統永遠處於高度警戒狀態，無論你要求多少次，有些人就是不可能暫停或停止反應，即使你們事先有暫停協議，對方也可能繼續做出反應（說話、爭論、試圖證明自己正確），甚至還會因為你請求暫停而再度被觸發。

如果發生這種情況，你可以說：「我需要暫停。我想讓自己冷靜下來，晚飯後再回來。」理想的情況下，你可以用溫暖舒緩的語氣說這句話，也許再加上一個安慰的語調，例如，「我知道我們會度過難關的」或「我保證在我平靜下來後來找你」。

如果你常常這麼做——單方面要求暫停，並在這段期間做自我平靜的練習——會對你們的關係有更好影響。因為這表示你可以透過把話說出來、設下保持自我尊重的界限來照顧自己，你對自己不願意參與無益和破壞性的惡性循環表達堅定立場，你不願意接受或傾聽對方的行為，這是設下一個健康的界限。容易相互依賴的人，會發現這種單方面的暫停練習特別有用，這讓他們能站穩腳跟，即使冒著讓伴侶生氣的風險，也能設下健康的界限。請記住，生氣失望是可以修復的。

當我們以更尊重自己的方式對待自己時，也會影響他人與我們之間的關係。此外，單方面暫停和退出狀況，會迫使對方做一些與他們過去作為不同的事，雖然我們無法確定對方會如何利用這段時間，但單方面的暫停，表示對方不能繼續爭論、辯護、質疑、指責等，也許他們有機會發現自己內在的新資源，來處理不快樂的感受。

當然，如果你與伴侶已達成暫停協議，但很少奏效，你可能就得接受你們之間無法建立一個可行的協議。這時最好的選擇是，當你注意到自己或對方被觸發時，持續要求暫停，如果對方繼續做出反應，就單方面暫停。

在需要暫停之前先練習

學會暫停需要承諾和紀律，最好的方法就是與一個伴侶、一個朋友，甚至與一個團體練習訂定協議，任何時候，當對話變得有點激烈、節奏變快或複雜時說「暫停」。這並不表示當下有任何人被觸發，純粹只是為了練習。當你這樣做時，會發現人們真的會珍惜不時暫停下來、檢查自己神經系統狀態的機會，甚至他們可能會意識到自己實際上被觸發了——通常一個人不會意識到自己何時被觸發，因為他們已經習慣生活在一定程度的恐懼或焦慮中。

如果一個人說話和思考比另一個人快得多，這樣相互「預習」暫停會特別管用。另外，如果這種暫停的「預習」牽涉到你重要的夥伴或業務上的夥伴關係，則可能需要找一個與「暫停」不同的詞彙，特別是當「暫停」一詞會用來當作停止你們之間觸發反應的信號時。我建議使用諸如「我們能放慢速度嗎？」或「我想暫時停止互動，並確認一下自己」之類的短句，這些短句在商務和親密關係中都適用。

在我領導的一些個人成長團體和共同靜心團體中，每當狀態變得較激動時，我隨時都可以敲響鐘聲中斷，而團體中每個人都同意暫停、保持靜默，每當他們聽到鐘聲時，就會看向自己的內心。對於一些人來說，這是一個變得平靜、放鬆、感受他們腳下這片土地的機會，另外一些人則利用暫停時覺察並注意自己的感受和想法。在團體恢復互動之前，人們通常喜歡分享他們在暫停期間意識到的事情。

暫停練習除了可以有效停止觸發反應，在日常生活中不同時刻暫停下來，做為覺察觀照的練習，可以減輕壓力、增加你與自己和他人的連結。我們之中有太多人都習慣以自動反射模式過生活，說話和行動都是出於習慣而不是來自真實意識，如果我們可以養成習慣，每次張開嘴說話前，都短暫的停一下覺察自己，就能讓我們把更完整的自我、覺知不同層次和細微差別的意識，帶入與他人的交流中。

第五章 與感覺和情緒待在一起：成為一個開闊、充滿愛的存在

無論你注意到內在出現了什麼，看看自己是否能歡迎，並擁抱它。

本章將介紹創造正向情感經驗的方式，以便處理觸發反應。透過發現隱藏在陰影中的自我，讓我們不再覺得自己總是在某方面很匱乏，進而能夠獲得一種圓滿、完整的感覺。我們將探索潛意識最黑暗的深處，並溫柔地將這些被隱藏的各種面向帶向光明。

本章的第一部分，提供了讓所有孩子可以成長為健康、具安全感的成年人所需的指引，這些練習幫助我們與自己建立更充滿愛和支持的關係，然後，我們還

會學習一些自我疼惜的方法，以便在暫停期間或任何被觸發的時刻能夠派上用場。

內在功課：將生活視為一種修行

觸發反應可以幫助我們看到童年未完成的重要事件，在這些反應背後，通常隱藏著恐懼和深埋的痛苦，需要我們關注和溫柔對待。有時，我們無法安心感受某些情緒，或者無法安心表達自己愛慕依附的需求。

一直很喜歡「日常生活就是一種精神修行」這句話，這句話提醒我，我們可以把生活中發生的一切當作執行內在功課的機會——讓我們成為開悟且更有覺知的人，關懷的對象將不限於自身，可以擴及生命全體福祉。就個人而言，這種內在功課已經形成一種習慣，每當我對事物感到抗拒時，就會立刻給予關注，因為當你對事物有抗拒感時，就可能表示內在產生不安恐懼，而這也是觸發反應的一種。當我注意到自己的抗拒時，會把它當成一個跡象，暗示內心有一些埋藏的痛苦、未癒合的傷口或成長的失落感，那都是我尚未完全擁有、接受、擁抱和去愛的東西。像多數人一樣，會本能地抗拒那些不得不面對和處理的不安感或恐懼，唯一讓我願意去探究自己這些不安的部分，是對「生活即修行」的承諾。

害怕自己太軟弱或索求過度

當我們還是孩子的時候，只要流眼淚、表現恐懼、受傷或需要別人關心，就可能受到批評或羞辱，甚至有時會被嘲笑或奚落。也許我們被教導自私或軟弱是錯誤的，也許有人給我們貼上了太敏感或太情緒化的標籤。我們一些普通的煩惱或弱點，都可能讓成年人感到難受，也許是因為當父母發現自己的孩子不快樂或不完美時，會引發自身的恐懼，證明他們不是稱職的好爸媽。這種為人父母常見的恐懼和自我懷疑，會逐漸蔓延到孩子身上，在孩子的腦海中形成一種印象——如果我表現需求或痛苦，就沒有人願意和我在一起。他們會感到不安或生氣，也許是因為當我有這些感覺時，就是不好的或做錯了。

當讀到這裡時暫停一下，想想你符合上述狀況嗎？給自己一些空間，體驗你身上可能產生的任何情緒、感覺、記憶或想法。就個人而言，當寫下這些關於父母對孩子的不安全感感到煩躁焦慮的內容時，我感到悲傷，胸口還有輕微的疼痛感，知道我的父母就是這樣，尤其是我的父親。

無論你注意到內在出現了什麼，看看自己是否能歡迎並擁抱它，允許自己感受一些過去不被允許的事。這樣，你就朝著內在療癒邁出了一小步，開始找回自己遺失、拒絕或放棄的那些部分。

童年的依附需求

為了發展成一個能全然發揮並充滿安全感的成年人，我們必須滿足某些童年的需求。然而，幾乎每個人在這些需求中都會感到沮喪。

在嬰兒期，兒童需要照顧者的撫摸、眼神接觸和舒緩的語調。當孩子感到悲傷或痛苦時，他們需要被抱起並感到被愛，這稱為「共律」或「共同調節」（coregulation）。我們從未脫離對共律的需求，而在嬰兒期，更需要仰賴共律來維持生存和神經系統的適當發展。

所有孩子都需要感到安全、受到保護、避免身體和情感上的傷害。你小時候有感受到保護嗎？還是你經常獨自處理可怕或危險的事？父母的行為有時讓你感到害怕嗎？你還記得有人在你哭泣時抱著你、安慰你嗎？當你害怕時，有沒有一個值得信賴的成年人讓你可以跑去尋求安全感或安慰？現在暫停一下，想想上述這些問題，並注意任何身體裡產生的感覺、情緒或任何浮現的想法，想想你對自己注意到的那些事情有什麼感受？例如，如果你注意到回憶往事時有一股悲傷，覺得感到悲傷的自己如何？你能接受你有這種感覺嗎？還是你會批判自己？這些問題都沒有正確或錯誤的答案，重要的是保持好奇心，增加你發掘被隱藏感受的能力。

所有孩子都需要愛的關注。孩子需要感受到被愛、被珍惜和被重視，他們需要與父母共度美好時光、需要父母給予全然專一的關注——既要注意孩子是否看起來受挫折，還要傾聽孩子的意見，並對孩子感興趣的內容表現出興趣。你曾因這種方式感到被愛嗎？你的父母和你相處時，看起來很享受嗎？還是他們雖然花時間和你在一起，但注意力被分散，給你的印象是他們只投入了時間，而沒有對你產生真正的興趣？現在暫停一下，想想上述問題，注意身體裡產生的任何感覺、情緒或浮現的想法，想想你對自己注意到的那些事情有什麼感受？

所有兒童都需要支持性的指引。孩子需要成年人向他們展示如何做事，例如如何丟球或游泳。他們需要成人協助他們學習耐心，也學習有時你必須付出很長時間的努力才能享受成果。他們需要成人協助他們學習如何溝通，並將自己的感受表達出來；他們還需要自己嘗試新事物的空間，例如學會用鎚子敲釘子，而不是由成年人全權掌管。他們需要指導，但他們也需要賦予信任來做事，不受到成人過度的干預。在這方面，你的童年過得怎麼樣？有沒有人耐心地告訴你如何完成一項新任務？你還記得那種感覺嗎？我們許多人會從父母外的成人那裡得到指導——例如教練或老師。當你回顧童年時，想想自己有沒有需要指導但得不到時——也許是因為你覺得去要求會讓你感到不安，或根本沒有人可以指導你。你是否還記得父母曾干預你努力去主宰任務，或不讓你去做某些事？你對接受指導的記憶大多是積極的嗎？暫停一下，回想上述問題，並注意身體裡產生的任何感覺、情緒或浮現的想法，想想你對自己注意到的那些事有什麼感受？

練習：疼惜內在小孩

當你花點時間回想小時候受到的保護、愛和尊重時，會增強你的自我疼惜能力。以下就是培養這種疼惜能力的練習：首先，請你回憶童年生活中，有沒有經歷過一些事件、記憶或時期（例如，在上一節中回憶起的事件或情況），對你的成長過程很重要或需要，卻沒有得到滿足？或者，你對特定事件沒有任何記憶，但有一種直覺或模糊的印象，知道自己某個特定需求曾受到挫折。

請記得，選擇一些在情感上受傷的事件，而不要選擇任何關於身體受到侵犯或攻擊（如有人打你），或害怕自己（或別人）的人身安全有危險的經歷，因為這是你可以在沒有治療師或教練的情況下安全進行的練習，所以不要選擇一些有深度創傷或可能引發強烈情緒的事件。

和痛苦的記憶待在一起

一旦你想起任何記憶或從前的需求，找一個安全、舒適、不會被打擾的地方坐下或躺下，空出至少三十分鐘，這樣你的頭腦就不會被別的事綁住，只有當你知道自己有足夠的時間和注意力來完全集中時，才來做這項練習。

當你準備好開始時，放鬆身體、讓神經系統平靜下來，感受你的身體在椅子或地板上放鬆，覺察空氣進進出出，試著讓呼吸放慢，並在每次吐氣結束時停一會兒，在這裡花點時間，感覺你的呼吸和腹部或軀幹的起伏。當你覺得準備好了，就可以把注意力轉移到童年的記憶中，當時發生了一些事，讓你感到不被愛、被批評、被忽視、被遺棄、被拒絕、被誤解、孤獨、不知所措。

花點時間在你的腦海中重播這些場景，慢慢地呼吸，敞開心胸從更寬廣的視角觀看這一切——看著場景中的各種要素，就好像你在觀眾席上看電影般，而所有一切正在你眼前發生。接下來，把你的注意力放在童年時期的自己身上，想像或回憶起這個小孩當時的感受、想法或渴望，做為觀眾，看看你是否能採取開放、寬闊和充滿愛心的見證人姿態。記得繼續深呼吸，以啟動足夠的自我支持感，好讓你可以承受任何可能出現的感覺。當你在大銀幕上觀察這個童年的你時，注意自己是否能對這個孩子產生同理心，感受這個孩子的感受、同時保持見證人或觀察者的位置。做為觀察者，你有什麼感覺？在這一刻，你的注意力既集中在做為見證人的自己身上、同時也能同理電影畫面中童年的你，你的注意力產生雙重聚焦——既是電影的觀眾也是演員，同時帶著兩個層次的意識。在這裡稍作停留。

附帶一提，如果你覺得想像很困難，也可以用書面形式練習——透過文字描述事件的經過，寫下當時的感受，以及現在觀察這個童年的你時產生了什麼樣的感受。

做為這一幕的見證者或敘述者，你的身體產生什麼感覺？有什麼情緒？你感動到流淚了嗎？你感受到愛了嗎？你感到悲傷或痛苦嗎？你能對童年的自己感到溫柔、同情或疼惜嗎？你有沒有感到任何憤怒，或很想要保護這個小孩？還出現了什麼其他想法嗎？你想對場景中出現的任何人——童年的自己或另一個人說些什麼嗎？花點時間讓景象和感覺浮現，並根據你的需要改變、移動、擴展或後退。保持開放和好奇心，看看接下來會發生什麼，時時覺察你身體的感覺和情緒，並隨時回到呼吸上。

如果感覺變得過於強烈，或者開始變得茫然麻木，請睜開眼睛來擺脫這些體驗，環顧四周、看看所在房間裡的一些物件，並具體描述其中一個物件（例如，「我看到一幅帶有金色框架的紅黃色畫作」）。當你回復平靜時，讓自己輕輕地、再次回到這個童年場景去見證，確保你的呼吸保持緩慢、均勻和放鬆——創造一種舒適的節奏，有點像海浪的起伏。

如果感覺很自然，想像自己向這個內在小孩伸出手、張開雙臂，讓這個孩子靠近你，擁抱和安慰這個柔弱的自己，把他當成你非常愛的一個人。在這裡待一會兒，感覺就像是你向這個孩子保證自己會跟他在一起——好像在說：「你現在是安全的，無論感覺到什麼都沒關係，我和你在一起，你並不孤單。」

當你準備好結束這場內在探索時，睜開眼睛，環顧房間，如果你躺著，讓自己坐起來，在房裡選取一個物件注視片刻，感受屁股在椅子上或腳在地板上的感覺，動一動身體，啟動你與外在世界的連結，感謝自己願意踏入那個未知的領域，去發掘隱藏的過往和自己的各種面向。

彙整練習

做完練習後，無論是立刻或過段時間，都請你反思一下這項練習對你來說有什麼意義，回想整個體驗的過程，雖然它的主要目的是加強你的覺知和自我疼惜的能力，但有些人發現，這項練習還可以幫助他們發掘深埋的記憶或治癒舊創傷。書中的練習提供了許多不同的方法啟動正念，培養自我接納、自我同理和自我疼惜的心，有些對你來說效果很好，有些可能成效不佳。如果你發現某個特定的練習對你特別有益，建議你把引導指令錄下來，在每個提示或問題間暫停幾秒鐘，這樣你就可以坐下來重複這項練習，輕鬆按照錄音的指引進行，無需閱讀書本來練習。

這種疼惜與同理心的練習，對於那些習慣讓自己顯得堅強、不在乎、靠自己或沉著冷靜的人來說特別有用。維持這種自我形象的人，可能會說他們自己「沒有時間悲痛」，他們甚至會批評那些花太多時間在自憐或把自己當成受害者的人。這項練習對於那些批判自己、想要擺脫自己（或自認為）沒有吸引力的部分——例如，情緒敏感或容易產生觸發反應的人來說，也是很有用的。事實上，每個人內心都有一個儲藏室，裡面儲存著許多無法感受的恐懼或痛苦，導致他們有部分能量或注意力被卡住或凍結在過去，給這個痛苦的內在小孩一些溫柔和疼惜，將有助於解開凍結的部分，讓生命能量可以再次流動；然而剛開始，這種能量的流動可能看起來很可怕或不自然——舊的記憶浮出表面，可能會讓一個人開始抽泣、顫抖或身體晃動，但這些都是療癒和整合正在發生的跡象，如果發生這些狀況，一定要給自己更多安慰和安心的保證。

艾米麗疼惜內在小孩的練習

艾米麗的工作是高級主管們的私人教練，所以她認為自己非常熟悉各種性格中隱藏的層面，她習慣人們對其展示脆弱，但自己卻不容易向別人表達恐懼和不安全感。當她來參觀我的教學時，透露自己很難與結婚十年的丈夫大衛建立一種相互連結的感覺，特別是，她描述曾有一次，自己透過詢問大衛的狀況來試著親近他，卻引發了他的觸發反應。

當我們討論這個問題時，艾米麗想起了許多童年事件，她的父親雖然願意花時間和她在一起，但一切只能遵照他的條件，他帶她一起去看賽馬——儘管她對馬或競賽沒有太大的興趣；他還會帶她逛建築材料行、和她一起看體育節目，雖然這些活動她全都不感興趣，但因其它時間很難有機會和父親在一起，所以她接受所有能夠獲得的機會。

我指導艾米麗做「疼惜自己內在小孩」的練習，當她回想在競賽場上、坐在父親旁邊的記憶時說：「我感覺胸口中央有個大洞，裡面非常空曠，是的，我感到空虛……飄泊……沒有牽絆……沒有連結到任何東西。」我請她去觀照自己的呼吸，並為自己的感覺和情緒騰出一些空間。她注意到自己的身體變僵硬了——彷彿她正在抗拒自己被這些感覺束縛。「它們讓我感到如此虛弱，」她說。「好像如果我不配合父親，我就什麼都不是……就像我根本不存在一樣。我不想那麼依賴別人。」她坐了一會兒，去感覺那股內心的空虛，同時也感覺自己想把這種感覺推開的企圖。我提醒她只要和任何發生、浮現的狀況待在一起就好，在這項練習中，沒有我們應該要達到的目的。

過了一會兒，身體開始上下顫動，彷彿在顛簸的道路上騎行，她衝動的抓住自己，用兩隻手臂緊抱住自己的軀幹，振動持續了幾秒鐘，然後靜止下來，淚水開始從眼裡湧出。她仍然抱著自己，但身體鬆軟了，她對我說：「當我開始像這樣抱著自己的身體時，變化發生了，彷彿有人聽到我的呼救聲……本來我從不尋求幫助，因為我不覺得那有什麼用。」像這樣又坐了一分鐘左右，艾米麗的眼睛變得更清澈，她直視我，讓自己全身鬆軟的癱在椅子上，然後她想起，自己從來沒有告訴過父親她不喜歡去賽馬場，她其實希望父親可以和她一起做些她覺得有趣的事情；另外，她也意識到，自己幾乎從未向大衛尋求愛或連結，她一直不自覺的認為自己沒有權利去要求，取而代之的是，她已經變得形式化的去問他過得怎麼樣。

問題很快就釐清了，艾米麗一生都在保護自己，不讓自己變得脆弱、不敢聽到別人說不、不想要求什麼卻得不到，這個問題曾經發生在她與父親的關係中，讓她非常痛苦，而現在她和丈夫的關係又重蹈覆轍。

做這項練習只幫助了艾米麗觸碰自己所有的感受和經驗，但她不願意要求情感連結的問題並沒有立即消失，所以她需要重複練習很多遍，像這樣與自己聯繫，為自己恐懼的部分留出一些空間，也需要熟悉自己內在「想要」和「害怕要求」之間緊繃的張力。她得花時間了解這個習慣適應父親條件的小女孩。

隨著時間推移，她已經慢慢能接受——承擔情感風險是件脆弱的事，而聽到別人說「不」或「現在先不要」時，可能會讓她很痛苦。她學會了當沒有人可以幫忙時，自己其實有能力溫柔對待自己，並與自己保持連結。

建立你的自我見證者

本書中，每當我邀請你暫停，反思當下正在閱讀的內容，並覺察你的感覺和情緒時，就是在幫助你培養和深化自我觀察的能力。人類的意識，包含我們去覺知或意識的對象——你看到、聽到、感覺到、思考、記住的事物。另外，意識也可以像個巨大的開放空間，所有意識的對象都在其中產生。因此我們可以說：在意識中包括了見證者、被見證的思想或感覺及所有這一切所在的空間。

可以覺察、見證或自我觀察的能力，就是佛教心理學所說的正念，而這也是印度教脈輪系統中「第三隻眼」的視角。第三隻眼是指位於眉心的能量中心，能從寬敞且全方位接受的角度看待一切——比我們日常個人的觀點更廣闊。其他還有許多傳統的靈性信仰，也很珍視這種從更大視角去覺察的能力，這也是為什麼我們人類可以「從較高層次看待問題」。

疼惜你的內在小孩，其實就是練習成為自身見證者的方法之一，但這種方法主要專注於過去發生的事件。以下我將提供一種方法，讓你可以在觸發反應正在發生時，也能保持覺知和見證能力。許多人從小就開始相信，這個世界上沒有空間來容納他們不安、恐懼或痛苦的情緒，也許是因為他們的父母在孩子哭泣或驚慌時會感到焦慮、煩燥或生氣，所以他們發展了錯誤的信念：如果我感到痛苦，一定是我做錯了什麼，是我太軟弱、有缺陷、太敏感，我是個大麻煩，會被迴避、忽視、懲罰或壓抑。成年之後，我們有時在心煩意亂時，仍然會繼續這種自我批判或羞愧的習慣。

然而，我們其實可以擺脫這種錯誤的制約習慣，為自己內在的各種面向提供充滿智慧和滋養的「支持性環境」。我們可以學習如何利用觸發反應來重新與自己被遺棄的部分建立連結——這樣就可以療癒自己對於感受痛苦的恐懼、不再否定自己內在的某些面向。以下「抱持疼惜心的自我探索」練習，可以幫助你了解自己那些被掩埋或遺棄的面向，並給予它們一直以來需要的關愛。

練習：抱持疼惜心的自我探索

掌控觸發反應的下一步，是學習如何在觸發反應發生後（甚至在發生時）立即處理觸發反應。其中，抱持疼惜心的自我探索（Compassionate Self-Inquiry）就是很好的練習，它是讓你花一點時間與剛剛被觸發的感覺、情緒和內心的恐懼待在一起，包括去覺察觸發反應中的各種經驗元素（情緒、身體感覺、想法），

種反應外，也去覺察自己見證這一切時產生了什麼？會覺得很困難嗎？還是痛苦？以這種方式與自己待在一起時是否感到支持和滋養？只要你想或需要，就繼續保持這樣一個滋養、好奇的空間，不要太快結束這項練習。當你和它們待在一起時，你的感官或感覺可能會發生很大的變化——大小、形狀、位置、溫度、重量，任由它們自然發生，讓它們隨心所欲的流動和改變，這麼做，可以讓你相信自己能夠克服任何需要經歷痛苦情緒的過程。每個人都會以各自獨特的方式做到這一點——對於某些人來說，他們的探索過程就像一條直線，從這裡快速移動到那裡；對於另一些人來說，這條路線更迂迴、移動得更慢，或產生更多的分支路線——見「探索更深層次的感受和記憶」（第140-142頁）。最後，當你覺得準備就緒時，你可以跳到「結束練習」的部分（第143-144頁）。

如果你感到不知所措，請回到自我平靜練習

如果你開始感到被一種強烈的感覺或記憶壓迫，就從中退後一步，回到自我平靜的練習：專注於吸氣吐氣時胸部和腹部產生的動態。如果你仍然感到不知所

措或害怕，請睜開眼睛環顧房間。將注意力集中在一個物件上，描述它的物理特性（例如，「我看到一把綠色的皮椅，它的四條腿上各有一個小輪子」）。然後注意你的感受，如果感到平靜和頭腦清醒，請繼續這項練習。

如果仍然沒有恢復，就休息一下，做些其他可以滋養你的事情——例如聽音樂或散步；另一種選擇是買條毯子，把自己裹在毯子裡來安慰自己，或在毯子或枕頭上躺下，試著將手掌直接放在身體產生感覺的部位上，感受手掌的溫暖輻射到你的身體裡。其它如搖晃、擁抱、輕拍、觸摸和撫摸自己，都是對自己釋出關懷和滋養的方式。

如果你知道自己患有複雜性創傷（complex trauma）或創傷後壓力症候群（PTSD），請特別小心。若舊的創傷記憶開始淹沒你，請做任何對你有效的事情——例如，上述任何方式來打斷這段記憶。儘管這種練習主要適用於最近發生、非創傷性、人際關係產生的觸發事件，但有時仍可能會發生瞬間重歷其境的狀況。

探索更深層次的感受和記憶

當回憶和觀察觸發事件時，你的想法可能會超越事件本身，追溯得更遠。你可能會想：是什麼導致了這個事件？為什麼它應該或不應該發生？這個事件對於你和他人間的關係有什麼意義？你對於自己產生了什麼其他的感受？還想起什麼其他的相關事件？諸如此類的想法。允許這些想法馳騁並加以觀察，保持開放和好奇心。你的這些想法是否帶有某種特定的情緒態度——如憤慨、責備、羞愧、失望？在這些想法之下，是否有更深層次、更脆弱的情緒——如害怕沒有人在乎、害怕自己很孤獨、擔心自己不夠好、害怕自己的需求得不到回應等等，像這類的恐懼，往往隱藏在聽起來相當合理的想法之下，就像前例中的艾米麗會習慣性對自己說：「爸爸不懂得如何去愛。」這種策略可以幫助她迴避內心害怕自己不值得被愛的恐懼。

當你注意到那些被深深保護或隱藏的恐懼浮現時，你就得到進一步療癒的禮物了。如果某種脆弱的內心恐懼曝光，請溫柔擁抱它，可以把這個充滿恐懼的自己想像成一個你深愛的孩子，或是你自己最溫柔脆弱的一面。陪伴這樣的自己一段時間，擁抱自己、安慰自己，同時繼續緩慢的、有意識的呼吸。記住，害怕某件事只是一種想法，並不表示這個想法是真的或實際存在的（如害怕不被看見），這種恐懼通常揭示成長過程中，某些核心情感需求沒有得到充分關注（如被愛的需要）。

同樣地，如果你正經歷任何反應性的情緒，如挫折、憤怒、震驚、絕望、焦慮或困惑，試著用疼惜的態度面對這些情緒。如上所述，想像一下這個心煩意亂的自己是一個你深愛的孩子，或是你自己最柔弱的一面，試著了解並給予他一直以來需要的愛和理解，鼓勵這個受傷的自己去感受任何浮現的情感，讓情緒和感覺流動或變化。如果想要流淚，可能會更有幫助，因為哭泣是身體內被卡住的能量流動的一種方式。安撫這個柔弱的自己，告訴他你會待在這裡，無論多久你都願意待在這裡，當你這麼做時，就為那個心煩意亂的自己創造了一個令人安心的存在感，並騰出一些空間，讓你可以更充分的去感受因觸發反應引起的恐懼或不安全感。

有時，舊的記憶或熟悉的聯想也可能會出現，你可能會有一種熟悉的感覺，即這個觸發反應與過去的經歷有關，舊的記憶可能會浮出表面——也許是年輕時或童年時期的記憶。如果出現一個特定痛苦、可怕、令人困惑或令人不安的童年記憶，請將注意力轉移至那個場景，然後開始做「疼惜內在小孩」的練習。在練習自我平靜的同時，回憶一下過往的舊事件，追隨你的情緒、感覺和想法，並留出空間，讓種種內心脆弱的恐懼浮現，用接納和好奇的態度去承接任何升起的感受，與自己待在一起，容許你內在的一切保持原本的樣貌，並隨著它們的意願改變和流動。

結束練習

無論是否還有其他的感受或早期記憶浮現，都任由自己去感覺。你甚至可能會有想要大聲表達的衝動。只要你想這麼做，就讓自己說出來、大喊大叫或哭泣，想像你正和參與這個觸發事件的另一個人交談，大聲說出任何想說的話。如果你願意，也可以對那個溫柔、脆弱的自己（或是你的內在小孩、年幼的自己）

說些安慰的話，讓你的話裡充滿滋養和同理心，例如，說「哇，那實在太強烈了，你願意讓自己前往那裡，真的很勇敢」或「我愛你，我會為了你待在這裡」。如果想不到任何想說的話也沒關係，對這個療癒來說，用言語表達不是必要的。

當覺得自己準備好了——你比平常花了更長的時間感受各種浮現的感覺，探索了更深層次的情感或記憶，並透過這些感受滋養自己之後——就可以為這項練習做個結束。為你的身體找到一個舒適、寧靜的姿勢，做十個緩慢且平靜的呼吸，然後睜開眼睛。如果你想，可以開始移動身體，慢慢站起來，對自己要溫柔，不要著急，四處走動，並在走路時感覺著身體，注意現在的你是否更了解自己的感覺。當漸漸重新回到正常的日常活動時，繼續留意你的呼吸，讚賞自己願意讓自己去體驗剛剛的一切。

好母親原型

以上這些練習的基本目標是：學會感受痛苦或不舒服的情緒和感覺，同時帶

經逃避、丟棄的一切。

有些人會問，如果他們對被觸發的自我產生批判或輕蔑的態度怎麼辦？如果你不喜歡自己受傷的部分怎麼辦？萬一你把這部分當成是你不被愛的證據怎麼辦？如果你不知道應該繼續在一起或立刻結束的話怎麼辦？當這類情況發生在你身上時，只需要去關注它，並覺察你對它的感受——你如何看待對自己不耐煩的事實？如果一個孩子在恐懼或痛苦中哭泣，而父母卻告訴孩子要成熟一點或去克服它時，你會有什麼感覺？你和自己的關係是不是像這個不耐煩父母？覺察你對於如何對待自己的方式產生什麼樣的感受？如果你感到悲傷，那可能會是一個好的起點，因為你開始會對脆弱或被觸發的自己採取更溫柔、更善解人意的態度。

繼續練習與感覺和情緒待在一起

不要指望馬上就能克服你的觸發反應，其中一些反應可能永遠不會完全消失。但是如果你經常練習，觸發反應就不會那麼快發生。所有正在做的**暫停**和**陪**

伴自己的練習，都有助於減緩你的自動反應，以便讓你有更多時間對正在發生的事更有意識和洞察力。一開始只要接受這個事實：當經歷觸發反應時，你的核心感受和需求將會被隱藏或遮蔽，然後會傾向從恐懼中做出反應，而不是有意識地選擇如何採取行動。學會在注意到自己產生觸發反應後，立即暫停，並先讓自己平靜下來，然後在暫停期間練習抱持疼惜心的自我探索。以上這些都是為了完成修復過程（見第六章）做的準備，但如果修復並不是你的選項或目前不適合，那麼這個過程就是為了讓你回復最好、最豐盛的自己做準備。

即使你在事件發生後經過數小時，甚至數天，才進行抱持疼惜心的自我探索練習也會有幫助。每當你做一次這項練習，就是朝著療癒的目標邁出一步，幫助你化解舊傷痛、讓過去更完整、讓長期壓抑的情緒和感覺流動並代謝釋放。過去，你可能不得不封閉痛苦或恐懼的感覺，因為它們讓你感到不安全，或者你沒有足夠的支持力量，因此，它們從來都不曾以最自然的方式、透過感受而得到療癒。現在，你有更多的內在資源可以實現這個療癒的過程，你正在學習為自己的核心需求創造一個安全的空間，讓那些需求可以被感受並得到照顧；現在，那些被困住的感覺，那些從未得到滿足的、對愛和安全感的需求有了流動的空間，遲早有一天，當你學會與不舒服的感覺待在一起，就能夠更輕鬆的讓那些不安的感覺在內在發生改變和轉化。

當可以公開承認自己有時會被觸發時，就不會覺得有必要隱藏自己的弱點，我們會比較沒有戒心，而這是件好事；如果我們的關係不求完美，就不會害怕被發現或看起來很糟糕；什麼都不需要隱瞞是世界上最大的恩惠，可以讓我們建立自我信任，並感到安全，也為我們打開了大門，讓我們可以建立一種充滿愛的伴侶關係和友誼。在這樣的基礎上與他人一起做各種練習，就可以幫助每個人療癒自己的童年創傷，並為那個沒有安全感的大腦迴路重新開機設定。

第六章 修復和澄清誤會：恢復與他人的連結

當你們開始了解彼此的敏感或恐懼，就能幫助你避免將對方的反應行為視為自己的問題。

修復是觸發功課五步驟中的最後一步，在這個階段，我們會回到關係中去面對另一個人（或一些人，如果情況涉及一個團體），並請求重新來過，或真摯坦言我們對自己的行為影響到他們感到悲傷。這個階段也會讓我們揭露造成觸發的根源——內心脆弱的恐懼和自己編寫的恐懼故事，並得到安慰，確認那些恐懼故事都不是真的。

如果我們是因為個人因素或在獨自一人時被觸發，例如，當我們讀某本書或在電影中看到某個場景而重新刺激舊創傷時，就沒有必要進行修復步驟。當我們完成第四步驟「抱持疼惜心的自我探索」練習後，觸發功課就算完成了。然而，大多數依存性的觸發，都是發生在與他人互動時，這種狀況下，觸發功課的過程要到第五步驟完成才算結束。

兩人互動時，其中一人或雙方都進入戰鬥、逃跑或凍結的觸發狀態，並開始採取破壞雙方安全感、連結或信任感的行動之後，就需要進行修復。但如果其中一人的觸發反應對另一個人來說並不明顯，有時仍有進行修復的必要——例如，某個人被觸發了，當下雖然沒有顯露出來，但事後想要對對方全盤托出，這時這種單方面的修復就是必要的——某種程度上，這其實是一種告白，例如，「你當時不知道，但當你說你不想吃晚飯時，我就被觸發了，我害怕被拒絕的恐懼被觸動、心裡開始編寫你要遠離我的故事……現在我想自己需要一些安慰，證明我們其實沒事。」

在進行任何修復之前，最好先做「抱持疼惜心的自我探索」練習，將有助於修復過程更加順利；因為每次你做這種自我探索時，都在幫助自己更從容不迫的接受一種我稱為「成人關係中的正常痛苦」，當你學會接受和緩解你的痛苦時，就減少了責怪對方的需要，因為你正學會與受傷或沮喪的自己建立一段新的關係。隨著接納程度的增加，你更容易將觸發反應視為一種熟悉的事物，**「啊，我知道這個，這是我最害怕的問題之一，但我可以溫柔地忍受這種痛苦。整個事件本來就不應該有人受到指責。」**有能力放下責備，是修復的關鍵，因為責備別人其實是你被觸發的一種反應，如果你仍然在責備，就表示你還沒準備好進行修復，這時應該回頭去練習抱持疼惜心的自我探索過程。

如果你可以與伴侶分享在自我探索過程對自我的發現，並把它當作修復過程的一部分，會產生很強大的效果，因為這可以讓伴侶更深刻的了解你、對你的恐懼或敏感產生同理心。當你們開始了解彼此的敏感或恐懼，就能幫助你避免將對方的反應行為視為自己的問題。

修復步驟在某些類型的關係中是不合適的。這裡所描述的修復練習，通常要事先經由雙方協定同意才可能完成，而有一些工作上的業務關係，就不適合做這種預先協議。但如果最後能以道歉或口頭承諾重新開始，仍然是件好事。在親密關係中，尤其是那種經常落入觸發反應循環的關係，修復步驟至關重要。例如，對父母來說，知道如何修復與孩子間的裂痕是非常重要的。當父母被孩子的行為觸發時，這個被觸發的事實就表示父母會暫時進入自導自演的恐懼反應，這時如果父母開始生氣、心煩意亂或以其他方式表現觸發反應，對孩子來說非常可怕，他們可能會感到自己與父母之間的愛被切斷了。因此，在這種類型的關係中，每當觸發事件發生後，父母都要有能力可以再回到孩子身邊，重新建立彼此愛的連結（有關這方面的更多資訊，請參閱第八章）。

為什麼需要修復？

大多數親密伴侶在吵架後都體認到彌補的需要，而在其他類型的關係中，人們可能會試著「讓它過去」而不再多說什麼。本書中，無論你的關係屬於哪一類型，我都鼓勵你去做這些練習，透過發展這些技巧，我們可以減少在生活中與他人產生不完整的未竟事務（unfinished business），也可以避免友誼、夥伴關係或親密關係在不明就裡的情況下突然結束。

然而，許多人常用的修復方式通常都不管用。他們會試著說太多話、太多解釋、太想讓自己被聽見，往往結果與其說是修復，反而更像再一次經歷爭執，只是這次是用較平靜的語氣。而經過這種喋喋不休的冗長過程後，人們還是像以前一樣感到不安全或不被聽見。修復不起作用的跡象之一，是一個人開始不斷重複自己。如果發生這種狀況，表示他們仍處在被觸發或再度觸發的狀態。

這裡提到的修復練習，其實簡單且簡短。它著重在發自內心、向對方的情感中心進行對話，對他們大腦中生存警報系統所在的部位說話，讓你直接向對方感到不安全或害怕的感覺說話。通常聽起來合理但冗長的解釋，會導致大腦的情緒中心關閉，因為它們發出的訊息是：你更感興趣的是澄清自己的好名聲，而不是與對方的感受同在。通常更簡短的字句反而可以表達情感真相。

這本書的修復練習基於一種觀念：沒有人應該為別人的敏感情緒負責。一旦我們接受自己無需為對方的行為負責，就可以放下保護自己的需要，如此一來，便打開了一條道路，讓我們可以真心去感受悲傷，並關心他人。在修復過程中，兩個人可以揭露自己童年時期造成過度敏感的根源，有助於對彼此產生同理心，雙方這樣互相坦露脆弱後，責備或感到被責備的傾向就會消失。另外，修復練習還包括學習開口去要求對方，確認自己的恐懼是沒有根據的，同時也提供對方需要的任何安全感保證。這樣的交流，恢復了人與人之間的安全感，甚至可以幫助人重新調整從小就被制約的大腦迴路，改變一直伴隨著的不安全感。

確定自己是否已準備好進行修復

我在伴侶關係中看到的最大問題之一，是人們很難容忍他們的伴侶對自己不滿意。許多人發現自己很難在把事情「全部說清楚」之前暫停，試著花一點時間安撫自己。因此，當他們應該停下來的時候，總是會繼續說話（或做出反應）。我在這本書中的主要目標之一，就是為大眾提供一些工具，幫助他們忍受從被觸發到修復中間經歷的不舒服時期。這些工具會增加你的自信，讓你了解從觸發到修復、從斷開連結到重新連結的過程，其實都遵循著一種可以預測的、一系列的順序發生，而這些都是你可以學會的。雖然需要做一些內在功課，並保持一定程度的自律，但這些工具大多數人都可以學習。

當一個人無法忍受任何形式的分離焦慮時，常常在他們真正準備好之前就試著進行修復，他們也許會敷衍地暫停一下，卻沒有真正花時間讓自己回復平靜和安全感。他們也許會試著安撫痛苦或受傷的自己，但腦中的想法一直跑到別的地方。還沒準備好的一個跡象是，在你暫停的這段期間，會發現自己一遍又一遍在腦子裡繞著同一個憤怒的想法打轉，明知無濟於事，但對某些人來說，這是很難打破的習慣。

另一個過早嘗試修復的線索是，對待伴侶的感覺還沒達到某種程度的體諒或友善，仍然以一種不切實際的高標準來要求對方的行為表現——卻沒有認知到對方其實被觸發了，當下的他們並不是最好的自己，而他們的行動或言語也沒有反映出真實的感受。

另一個線索是，有些人會在腦海中重播內心的恐懼故事（或指責故事），甚至可能希望伴侶在修復過程中驗證這些故事，例如，「你正在和那個女人調情……承認吧。」如果你已經意識到這種多疑的心態，其實是自己的一種觸發特徵，請養成在採取行動前先質疑自己這種多疑的習慣。

儘管如此，萬一你在雙方都還沒準備好前就開始嘗試修復，那也不是世界末日。一旦你看到自己不斷在兜圈子、無法達成任何目標，就會意識到自己還沒準備好，可以要求再次暫停。如果發生這種情況，請試著花更多時間進行自我平靜和自我安慰的流程。此外，有時人會在嘗試修復時再次被觸發——即使一開始還很平靜，但如果其中一人在修復過程中被再度觸發，這時只需再次要求暫停，讓自己冷靜下來，等待一段時間，然後再試一次。

你已準備好進行修復，當……

在以下情況達成前，請不要嘗試修復：

- 在暫停期間，你做了一些呼吸和身體意識的練習來讓自己冷靜，並提醒自己並不存在真正的危險。

- 你意識到從前有過這些感覺，也知道可能會再次感受到它們。
- 你已經認知到內心那些想像的故事是你的觸發特徵之一。
- 如果觸發反應是發生在你的好友關係、家庭關係或親密伴侶關係之間，你發現其實以前可能經歷過同樣的事情，但最後都度過了難關。
- 在進行自我探索期間，你與自己當下各種難過的感受連結在一起，並花了些時間陪伴這些感覺，看看它們是否與任何童年時期的痛苦記憶有關，如果是，你記下了過去任何未滿足的需求或童年的創傷。
- 無論發現什麼，你都花了一些時間陪伴那個柔弱、受傷或敏感的自己，並給予同理和疼惜。
- 你已經給予自己關心和安全的保證。

現在，你已準備好填寫你的「修復聲明」，這是為了與對方再次碰面並進行修復做的準備。如果你可以完成這個步驟，就能幫助你對自己的觸發反應完全負責，並且無論好壞都願意全然的接受自己，而這將會讓你的修復過程更加順利。

輕度共同觸發和重度共同觸發

不同的情況需要不同類型和程度的修復過程——取決於雙方的觸發程度，以及觸發反應可以延續多長的時間，其次則取決於是否只有一個人被觸發。雖然這個人的反應對另一人來說並不明顯，但因為這個人的安全感和信任感破裂了，將會影響兩人的關係。然而在這裡，我想先討論**共同觸發**（co-triggering）的情況，即兩個人都被觸發的狀態。當雙方在情感上緊密的連結在一起時，共同觸發就容易發生。當一個人被觸發時，另一個人也會感到不安全，因此兩人都各自以自己的觸發特徵行為做出反應。

某些共同觸發反應可能會深深威脅到這段關係，甚至會對某人造成創傷或再度創傷（retraumatizing），另一些反應的威脅較小，因此較容易修復。我創造了兩個術語：**重度共同觸發**（co-triggering dark）和**輕度共同觸發**（co-triggering lite），用以表示不同程度的反應行為，區分那些具深度殺傷力和威脅較小的觸發反應。

重度共同觸發，是指當兩個人被觸發而做出反應時，至少有一個人的行為包括以下一種或多種元素：非常具有攻擊性，包括大喊大叫、辱罵、肢體暴力、捶打東西、大發脾氣或威脅要結束關係；其次是非常羞辱人，例如，給對方貼上窩囊廢、自戀者、婊子、變態或白癡等標籤；或者極度冷漠，例如，假裝聽不到對方的話，表現得好像對方不存在等等。

輕度共同觸發，是指兩人都產生觸發反應，但以更溫和的方式表達了不安。他們可能會表現出憤怒、失望、沮喪、防禦或不信任，可能會指責或使用批判性的詞彙，但不會採取威脅性的姿態，例如，不斷挑剔、用貶低的詞語或提高聲調。以下是一些最常見的輕度共同觸發反應：問很多問題、多疑、保護或防禦、抱著不切實際的期望、帶著批判或責備的想法、解釋、堅持自己是對的、堅持對方驗證了你自己編的故事、辯論、不斷重複自己或凍結封閉。

觸發的狀態是重度或輕度，將決定這個事件需要進行多少次修復的過程。大多數輕度共同觸發的情況，通常進行一次修復就可以完成目標。但在重度共同觸發的情況下，其中一方或雙方都進行了極端的攻擊、使用貶低或輕蔑的語言時，就可能需要分成多次、進行不同面向的修復。

對於某些人來說，幾乎任何導致他們感覺自己不被認可或不被接受的事情，都會讓他們受傷很深，另一些人則更有安全感、更有自信，這些人較容易恢復。因此，輕度或重度都只是相對用語，對於一些較敏感的伴侶來說，稍微嚴厲的行為都可能需要進行多次修復。

此外，「撒謊」是獨特的案例——我不認為那屬於「輕度」狀況，即使沒有攻擊性或貶低發生，如果一方或雙方說謊，就符合重度共同觸發的情況，可能需要進行多次道歉、修復、甚至修正的過程。

在發生共同觸發後準備修復聲明

從暫停到修復之間的時間可能很短（十到十五分鐘）、中等（一到三小時）或很長（三到八小時）。在做完抱持疼惜心的自我探索後，請儘快坐下，拿出一份修復聲明，並填寫空白處（如下述〈修復聲明〉一節所示）。在做完內在探索後，立即寫下修復聲明，可以讓你在準備修復時更能保持溫柔與寬容的心態。

填寫修復聲明就像寫日記一樣，你和自己坐在一起，回想發生了什麼？你有什麼感受和想法？你怎麼反應？這種反應來自哪裡？以及你現在需要什麼來恢復安全感或連結感？每當你完成一個修復過程，就會更加接受一個事實：觸發反應會發生在每一個人身上，它當然也會發生在你身上。透過練習，你會發現自己愈來愈容易承認自己的恐懼和不安全感，而這也會幫助你更容易在它們出現的那一刻就辨認出來。慢慢地，你不再以一種觸發的方式表現出恐懼，而是學會立即覺察並揭露恐懼，然後尋求你需要的幫助或保證——而不是在修復後，一遍又一遍落入觸發反應的痛苦迴圈。

修復期間，雙方都要填寫下列的聲明表，然後你們在約定的時間見面，互相問：「現在是修復我們關係的好時機嗎？還是我們當中的一個人需要更多的時間？」當你們兩個都同意自己已經冷靜下來、已經安撫自己並確認準備好了，就可以輪流大聲朗讀自己的狀態，慢慢地讀著，有時停下來看著對方的眼睛，每當一個人發表完他的修復聲明後，另一個人應該簡短、語帶安慰的回應對方的核心需求，有關此回應的範本，請參閱「安慰的回應」（166-168頁）。

修復聲明

下述是修復聲明的範本，當你每次進行修復時，都要填寫一次。根據括弧中的說明，在空白處填寫事件發生的細節、你所理解的內容及你的感受。

現在我明白，當我＿＿＿＿（填入某些特定的詞或自己會說的話。例如，變得有戒心、走開、生氣。或當我說「克服它」或「你在操縱我」），**其實是我被觸發了**。

這可能是我對＿＿＿＿（填入你的核心恐懼。例如，不被看見、不被重視、被責備或批評、被放棄、自己不夠好）**的恐懼浮現了**。

當我聽到（或看到）你＿＿＿＿（填入對方說的話或行為。例如，聽到你說「停止操縱我」、提高聲調、停下來把目光移開），**我在腦子裡編出來的**

故事是：＿＿＿＿（填入你編造的反應故事，例如，我的需要不重要、我不夠好、我被拒絕了、我原本的樣子不被接受）。

選填：這觸發的感覺類似＿＿＿＿（填入孩童時期的記憶。例如，以前我爸會答應一些事，但總做不到、晚餐時總是沒人聽我講話）**的時候**。

很抱歉，我＿＿＿＿（填入你的觸發反應行為，如上述）。

我知道這會讓你＿＿＿＿（填入對方的反應。例如，被觸發、不安、受傷、嚇到）。

選填：我還想要說＿＿＿＿（填入更多的道歉或解釋。例如，你不該受到那樣的對待、我不是那個意思、我其實不是真的那麼想）。

如果還能重來一次，我會向你坦白我對＿＿＿＿（填入你的核心恐懼，如上述）**的恐懼被觸發了，我需要你的幫助來感受＿＿＿＿**（填入你的核心需求，例如，被接受、自己夠好、被你愛著、我的需求是重要的、我說的話被重視、我沒有被責備）。

我在這裡舉出一對已婚夫婦迪拉傑和丹妮絲的例子，在進行修復時寫下並分享了他們的聲明，來看看他們的聲明是什麼樣子。首先，這是丹妮絲的修復聲明：

迪拉傑，我想修復剛剛發生的事情。我現在明白了，當我說「我為什麼要費心去嘗試?!」的時候，其實是我被觸發了。那是我以前舊有的恐懼，擔心自己不重要浮現了，當聽到你說你十點後才回家時，腦子裡編出來的故事是「他的工作比我們的婚姻更重要，我對他不再重要了」。這觸發的感覺類似當年我父親離家、再也沒有回來一樣。我很抱歉說了那些話就離開，我知道這會對你造成很大的傷害，如果能夠重來一遍，並且讓自己夠冷靜，我會說：「我被觸發了，這是我過去的恐懼，害怕自己不重要、不被在意。」我需要你幫助我，讓我覺得自己對你很重要，而你也很在乎我。

以下是迪拉傑的修復聲明：

丹妮絲，我想修復剛才我說「又有什麼問題嗎？」的狀況。我現在明白了，當我這麼說的時候，其實是我被觸發了。那是我以前的恐懼浮現，擔心自己做得不夠。當我聽到你說何必費心時，腦海中編造的故事是「她在批評我，我又做錯了什麼？也許我有缺陷，或者我有什麼問題」。這觸發了類似於我母親生病時的感覺，許多年來我一直被人家說是因為我製造了太多麻煩，以致讓她病得更重。很抱歉剛剛說了那樣的話，我明白那對你造成多大的傷害。如果能重來一遍，並且夠冷靜，我會說：「我被觸發了，這是過去對於自己不夠好的恐懼，也是感到自己有缺陷或總是做錯的恐懼。」我需要你的幫助，讓我覺得自己夠好了。

在這兩個修復聲明中，我們看到以下一些重要的元素：

1. 迪拉傑和丹妮絲都願意接受自己被觸發了，並可以描述他們的反應行為。

2.他們揭露了自己內心的恐懼。
3.他們揭露了一些關於童年時期造成不安全感的根本原因。
4.他們道歉了。
5.他們修改了自己最初所說的話，並練習一種更負責任的說話方式。
6.他們使用非控制性的語言，請求安慰或幫助。

在最後一項中提到的「非控制性語言」，指的是提出請求（或表達需求），並告訴對方他們可以做什麼。我非常不建議的控制性語言，是類似「我需要你把我擺在第一優先」。而我建議的非控制性語言是「我需要你幫助我，感覺自己被放在第一優先」，或「我需要感覺自己是第一優先」。

安慰的回應

在一個人專心聽完伴侶的修復聲明後，這個人應該給出一個安慰的回應：一個簡單的、表達理解和愛的陳述，最好同時伴隨溫柔的觸摸、眼神交流和舒緩的聲音。以下是一些範例：

我真的愛你……非常愛。
我愛你，就像你愛我一樣。
我真的很尊重你。
我真的接受你原本的樣子。
你已經夠好了，甚至比夠好還要好。
我永遠不會拋棄你。
我想與你長久在一起。
我非常重視與你共度的時光。
我要你知道這一點，你的需求對我來說非常重要。
我想知道並聽到你的需求和感受。
我希望你和我在一起可以有安全感，並知道我沒有怪你。

單方面修復：只有一人被觸發的狀況

在人際關係中，有時會發生只有一人被觸發的狀況，這個人出現隱藏性的反應行為、反應恐懼和反應故事，另一人卻不知道這種情況正在發生。事實上，有時甚至連被觸發的人也可能要到數小時後才意識到自己被觸發了。當這種情況發生時，我建議進行單方面修復，也就是這個被觸發的人承認自己被觸發，並為自己的行為道歉。許多人都想跳過這個步驟，因為如果對方沒有覺察也沒有被觸發，為何**這段關係**還需要修復呢？但是如果兩人處於重視誠實和親密的長久關係中，像這樣自我坦承脆弱之處的方式，將有助於加深信任、親密感和自我疼惜的能力。

此外，如果有人決定不提自己被觸發的事實，那麼他們可能面臨無法真正放下內心編造故事的危險。請記住，這種故事是基於自己的不安全感、為了解釋自己的觸發反應而編造出來的。根據我經驗，當觸發反應沒有完全清除時，往往就會發生這種狀況。反應故事存在於我們的長期記憶中，就像一塊磁鐵，會吸引其他類似的事件發生，倘若一直沒有得到解決，就會逐漸增長和發展。到最後，如果我們開始相信自己編造的那些關於伴侶的故事，甚至會調整自身行為去適應那些扭曲的觀點，然後某天，當與伴侶發生更大的分歧時，兩個人都被觸發，所有儲存的恐懼故事會一幕幕湧出。這就是為什麼單方面修復很重要，因為這可以幫助人避免積累彼此的負面故事。

以下是一對已婚夫婦莫莉和巴里的假設性案例。莫莉希望巴里能和她共度更多美好的時光。某天，巴里告訴她，這個週末他必須參加一個與工作有關的研討會。莫莉感到受傷和失望，她腦海中浮現的恐懼故事是「他在找藉口遠離我」。她童年時對被遺棄的恐懼被觸發了，想起某次父母帶著其他兄弟姊妹去度假，自己卻被留在家裡和保母待在一起的記憶。莫莉此刻什麼也沒說，但一個小時後，她走到巴里身邊說：「你總是那麼忙，也許你需要參加一個時間管理課程。」巴里咕噥說了些聽起來像是同意的話，然後對此就沒再多說什麼。隔天，莫莉覺察到一種模糊的不舒暢感，並反覆出現擔心巴里是否能夠維持長期親密關係的想法。由於莫莉已經知道「被拋棄」是自己觸發特徵的一部分，於是她意識到，自己前一天其實被觸發了，卻跟巴里提關於時間管理課程的事，試圖隱藏事實。以下就是她澄清誤會並修復這種疏離和斷連感覺的方式：

首先，她自己填寫了一份單方面修復的聲明（見下文），然後讓巴里知道自己有些話想聊聊，她說：「昨天的事讓我有一些感受想要澄清，你覺得現在可以嗎？」如果他說可以，她就宣讀她的聲明。

單方面修復聲明

當我聽到（或看到）你＿＿＿＿＿＿（填入會觸發你的話或行動，例如，聽到你說：「這個週末我要去參加研討會。」），**我被觸發了。**

這可能是我以前對＿＿＿＿＿＿（填入你的核心恐懼，如被遺棄）**的恐懼升起了，你沒有意識到這種情況正在發生，但我想坦白這件事，這樣我就可以放手，並感覺和你更親近**（或更信任、更有連結等等）。

選填：我內心告訴自己的故事是＿＿＿＿＿＿（填入你的反應故事，例如，他不要我、他不喜歡和我在一起）。

選填：這觸發的感覺類似於______（填入童年的記憶，如我的父母帶兄弟姊妹一起去度假，卻把我一個人留在家裡）。

對不起，我______（填入反應性或自動化行為，例如，沒有對你說、給你那個虛假的微笑、以控制性語氣要你參加時間管理課程）。

選填：這是我的控制模式（或是：我處於自動反應狀態、直到後來我才意識到自己的真實感受）。

如果我能重來一遍，我會坦白告訴你，我對______（填入你的核心恐懼，如上所述）**的恐懼被觸發了。**

我也會告訴你，我需要你來幫助______（填入你的核心需求，例如，讓我感到我被需要且被愛著）。

忠於聲明原稿

當人第一次學習如何修復時，會發現自己很難忠於修復聲明的原稿，他們可能會認為自己的手稿感覺不自然或不真誠，或者臨時想要即興創作。我建議你寫下自己的修復聲明，並按照原文與對方分享。如果你不這樣做，很可能會使用太多贅字或陷入舊有的無意識溝通習慣——過度解釋。

但即使你忠於原稿，其中一人也可能在修復過程中的某個地方被再度觸發。如果狀況很糟糕，則需要再次暫停、自我平靜、再次安撫自己。在修復或安慰階段發生再度觸發並不罕見——特別是當人第一次學習修復工作，他們的話語可能聽起來很僵硬或過於腳本化，讓人感覺不真誠。一般人對這樣小心翼翼的說話可能會產生抗拒感，但這些練習的主旨本就讓人感到不自然——因為我們「自然」的溝通習慣，往往就是觸發他人的原因。對自己和伴侶多一點的包容，並理解人的學習過程如同曲線，會慢慢變好，況且，違背你的自然傾向並不容易，盡量不要氣餒，對自己溫柔一點。

第二部

將練習應用在關係中

關係就是一種修行

親密伴侶關係最容易造成觸發反應的產生。因此，它也是治癒童年傷痕或創傷、超越童年時期形成制約習慣的最佳條件。我建議將這種關係視為一種修行，就像在瑜伽或冥想修行中一樣，你**可以預料**自己會感到不適，並明白努力和自律是必需的，而且與其覺得沮喪或震驚，你反而更願意迎接意想不到的挑戰，因為這可以教你認識自己。另外，就如瑜伽和冥想一樣，你知道有經驗的老師才能告訴你，在哪裡付出努力可以結出最豐盛的果實。本章就是要向你展示如何進行，才能讓學習展現最大的效果，並讓你的努力可以維持下去——讓你們的關係感覺像是安全的避風港，而非一件令人厭煩的任務。

失敗和挫折是任何學習過程的一部分，成功和獎勵也是如此，既然知道努力的風險是，你不一定能得到回報，就應該問問自己：是否願意與這個人一起踏上這個相互自我發現的旅程，而且不知道是否會成功、也不知道可能導致什麼後果？你是否願意分享你的恐懼和不安全感、你的弱點和缺陷、你最深的渴望、你的自私欲望、你的祕密？這段旅程並不適合所有人，你也可能還不確定是否適合，然而當你沿著這條路前進時，答案會慢慢清晰。你可以隨時退出，即使最後發現**視親密關係為一種修行**不是你的道路，但擁有更好的溝通技巧仍然是件好事。

這堂親密關係中的主要課程，是學習如何以共同合作的方式處理觸發反應。而這個合作關係中，雙方都有責任一起創造安全、信任、療癒、誠實、公平和尊重彼此差異的氣氛。

共同觸發：我們彼此連結

從生物學的角度來看，每對伴侶可以視為一種「兩人群體」（herd of two）。在動物界裡，獸群為了生存，所有成員會相互依賴，如果族群裡有任何成員處於危險狀態，全體都會出於本能做出反應。在一個族群中全體都處於健康和安全狀態時，每個成員也會獲得最大的利益。例如，在一群瞪羚中，其中一隻感覺到危險而被觸發，並開始奔跑（在戰鬥、逃跑、凍結反應中選擇逃跑），整個瞪羚群都會被共同觸發，開始往同一個方向奔跑。同樣地，在人類的「兩人群體」中，如果其中一個伴侶被觸發，將會破壞另一個伴侶的安全感，雖然兩人可能都沒有意識到這種微妙的干擾，但這仍會影響他們。所以一個人如何反應，他的伴侶也會受影響。

因此，請記住這個教訓：當你的伴侶被觸發時，你恐怕也會被觸發——即使你沒有明顯地反應出來。不要指望自己，可以偉大到替被觸發的伴侶保留一個安全空間，因為你也可能會感到不安全。這是雙向的，如果你被觸發了，不要指望你的伴侶總是能夠保持一個安全空間，或者在你生氣或沮喪時，你的伴侶還能依照你想要的方式傾聽你說話。很少有人能夠為憤怒的伴侶保有一個中立或充滿愛的空間，雙方對彼此的期待最好都要切合實際，並了解通常如果一個人被觸發，另一個人也會被共同觸發，各自的生存警報開始響起，神經系統會啟動戰鬥、逃跑或凍結的模式，而他們可變通的選項範圍會變狹小。很多時候，「彼此連結」

是件好事，因為這加強了聯繫感。但是當伴侶被觸發時，這種連結對彼此卻沒有太大的幫助。

對於許多伴侶來說，共同觸發的現象呈現出一種嚴重的兩難困境：也就是當你的伴侶最需要你時，你卻處在情感缺席的狀態。這可能會再次激起童年痛苦的記憶，讓你們都覺得自己是孤獨的。然而，如果你們都了解共同觸發反應，對彼此的期待就會更貼近現實。你會把這些都看成是正常的，進而幫助你們決定彼此都需要暫停，儘快為目前的狀況帶來更多正念。這也是為什麼你需要熟悉「暫停—平靜—修復」這一系列練習，這些練習可以幫助你放慢速度，以便更用心關注和看到更完整的狀況，從根本原因解決問題。當你善用這些練習時，就更容易覺察自己什麼時刻開始跨進柔弱或危險的領域。

練習：溝通彼此的觸發特徵

了解自己和伴侶的觸發特徵是很重要的關鍵，能幫助你從容應對觸發反應——因為你已經接受（甚至預料到）會產生觸發反應。以下是一項練習，可幫助你更輕鬆交流雙方的觸發特徵。這是一項你和伴侶一起做的練習，彼此並排或面對面坐著，然後留出約一小時的時間，避免被打擾。

首先，你們兩個都應該確認自己現在是否感到放鬆和安全。如果其中任何一個人沒有完全放鬆和安全，那麼兩人都應該閉上眼睛，安靜地坐一會兒，注意身體的感覺，專注於呼吸，進行幾分鐘，感覺自己放開了，而且每次吐氣就更放鬆一些。

當你們一邊這樣做時，一邊注意腦中是否浮現任何令人不安的想法、感覺或記憶。如果有人出現以上狀況，看看是否可以擴展你的呼吸。吸氣時，想像一下你正在變大、變寬敞，為內在的干擾騰出空間，看看是否能允許干擾停在那裡。你會用開放的態度擁抱這股干擾，而當你帶著開放與寬容的態度時，看是否能把這種不安視為那個需要愛的自己。然後，以這個接納狀態做為起點，覺察那個受傷或不安的自己有什麼樣的感覺和情緒，用你現在開放並充滿愛的自己來擁抱這些感受。繼續深呼吸，以便支持現在變得更興奮或焦慮的自己，以這種方式與自己相處一、兩分鐘。你可能會有給自己一個溫暖擁抱的衝動，或想把一隻或兩隻手放在身體某個部位來安慰或舒緩自己，如果你感覺沒問題，都可以嘗試。

唯有你們兩人都感到安全和放鬆時，才能繼續接下來的練習。如若覺得沒辦法，就在其他時間再重新嘗試。

回憶觸發事件

當你們兩個都準備好進行對話時，回憶最近一次不太激烈的觸發事件。選擇彼此都記得的事件，然後各自在腦海中默默回顧，再分別填寫這份工作表中的欄位：

當我＿＿＿＿（填入你實際上聽到、看到或想到的事）時，我被觸發了。

當這種情況發生時，我感覺＿＿＿＿（填入你的反應性感受，例如，憤怒、恐懼、混亂）。

當這種情況發生時，我的身體產生的感覺是＿＿＿＿（填入身體的反應性感

受，例如，肚子很緊繃、臉很熱）。

當這種情況發生時，我腦海中編造的恐懼故事是＿＿＿＿＿（填入你的反應故事或想法，例如，「我不重要」、「我被拒絕了」）。

我的反應行為是＿＿＿＿＿（填入你的反應行為，例如，爭論、解釋、出走、帶著批判性的想法）。

填好工作表後，你和伴侶各自閱讀自己的內容，然後兩人一起討論各自典型的觸發特徵。你們要帶著開放的心傾聽，不加評判，彼此才不會被再度觸發（見下一節）。請記住，這項練習的目標是：你們並不是要回顧事件並解決問題，而是更容易覺察，並指出雙方觸發特徵中各種不同的元素。

當你發言時，請注意自己是否能夠單純閱讀寫好的答案，是否發現自己在解釋、辯解、語帶指責、道歉或添加其他額外訊息？如果你添加了額外的訊息，要能夠自我覺察和反思，自己這樣做的目的是什麼？你是否習慣在交流溝通時，總會添加不必要的資訊？這是否為了讓自己看起來不錯、知識淵博和正確，還是為了保護自己、處理不確定性，並感覺自己能掌控狀況？

或者，你添加了一些意見是因為在這個事件中，感到自己從未被聽見或理解，你希望現在被聽見。如果是這樣的話，就表示你仍然對事件感到不安，可能無法客觀見證已發生的事。當任何一方覺察到這種狀況正在發生時，請暫停討論，回頭練習自我平靜，以一種細心呵護的方式，與自己的感受和情緒待在一起，直到再度平靜和放鬆才返回討論，並從剛剛暫停的地方繼續。如果需要，可以過段時間後，另外找個時間回來一起做修復過程，屆時你就有機會坦承自己需要一些安慰——知道自己的需求很重要或已經被聽到了。

敞開心胸、不帶批判的傾聽以避免再度觸發

當你和伴侶互相傾聽彼此的發言時，記得要試著去理解和記住對方對自己觸發反應的描述，這麼做的目標，是讓你們都了解並能識別彼此的觸發特徵。要做好這項練習，雙方都要有足夠的安全感，並相信對方正在以這種方式承擔自己被觸發的責任，將伴侶的坦白，視為他努力接納和覺知自己觸發反應採取的行

動——而非對你的控訴。

如果你發現自己對聽到的事物產生批判或抗拒，請針對這個反應做一個註記。這也許是因為你的伴侶對這個觸發反應存在盲點，也許在之前的事件中，你的伴侶失控了，或說了些傷人的話，現在卻忘記提起。如果你的伴侶對整個觸發反應如何發生及如何進行的記憶，與你記得的狀況有顯著差異，問問你的伴侶是否可以讓你分享自己所記得的內容，並對伴侶的工作表內容進行一些嘗試性的改寫。但除非你對伴侶的感受是放鬆和友好的，否則不要嘗試這樣做，甚至不要提起這個話題。有時，即使兩人的感覺相當友好，彼此仍不同意對方。伴侶之間需要學習這種狀況，而上述過程就是很好的練習，讓你們在觀點分歧時，彼此仍然能夠保持友好。

通常會導致兩人產生不友好的結果，是因為其中一人總認為自己正確，或自己的觀點要被認可，有些人甚至會被任何分歧或不贊同的意見所觸發。如果你們其中之一對「不被認可」特別敏感，那麼在討論你們之間的差異時，就要帶著大量的正面覺知。請注意，如果你或你的伴侶有這類敏感狀況，那麼你們彼此可能會常常經歷反覆觸發和共同觸發，這會因這種不安全感而反覆發生。因此在練習過程中，最好隨時準備暫停、做自我平靜和自我安撫的練習。如果你們當中任何一方被再度觸發，就不要勉強彼此繼續進行練習，因為你永遠無法繞過反應狀態。要習慣在這一刻回到無聲的暫停，安撫你的神經系統後，再重新開始。

彙整和進階練習

一旦你們兩個都覺得完成關於彼此觸發特徵的溝通，花點時間與伴侶一起回顧溝通過程，想想看是否其中一方的觸發特徵比較容易識別，而另一方的觸發特徵卻不明顯？當你們回想時，是否又覺察到一些微妙的觸發跡象，是之前雙方都沒有意識到的？兩人務必一起來確認「確定誰先被觸發」是有多麼困難的事，並一起討論關於一個人被觸發時，另一個人的平靜和安全感也會受到影響的理論。

當共同觸發產生時，會讓兩人都感覺很孤獨，無法處理自己的失落感。但如果我們明白這一點，並且願意積極合作，透過學習彼此的觸發特徵，即時發現和阻止觸發反應，那麼就不會感到如此孤單。一起做這項練習，會讓你們感覺更像一個團隊，團隊共同的目標就是發現和停止觸發反應，讓兩個人在進行修復前，可以平靜並享有安全感。

為了讓雙方可以持續建立掌握觸發反應的技巧，請保持重複練習。過一陣子，你們對各自的觸發特徵都夠熟悉了，便能在事態升溫前要求暫停，這就是你們的目標。我們或許無法停止觸發反應，卻可以改善處理方式，特別是當雙方都深深投入自己的內在功課時。所謂「內在功課」，意謂著一遍又一遍重複做上述練習，促使你發現自己遺失或被拒的部分，並以疼惜心接納，將這些遺失的部分整合到你的整體之中。一旦開始融合，這些以前遺失的部分就會與原本一直接納的部分建立新的關係，而你也開始與自己發展一種更親密、更有愛與更信任的關係。這項練習的最終目的是包容所有，而非擺脫任何部分。如果你認為自己應該避免被觸發，就會阻礙這種內在功課的進行。反之，當你變得更加完整時，會漸漸感到不再如此被動消極，而能更從容應對傷害和失望。

你的反應迴圈

倘若花一段時間研究你們的觸發狀況，可能會注意到它有一個模式或週期。例如，伴侶中某人提出的問題愈多，另一個人就隱藏得愈多；當隱藏的人藏得愈多，會讓另一人的問題更多。或者，其中一人愈愛批評，另一個人就辯護得愈多，反之亦然。當伴侶互相牽連時，似乎就陷入了惡性循環，目前還不清楚他們是如何變得如此，也不清楚是誰先開始的。他們這一次的爭鬥與上次和之前似乎都相同，即使主題不同，卻似乎總是呈現相同的爭鬥模式。在某種程度上確實如此，因為每一次同樣的核心恐懼都被觸發、同樣的核心需求正試圖得到滿足。這種似曾相識的重複循環，稱之為**你的反應迴圈**（reactive cycle）。你的反應迴圈對伴侶關係來說算是觸發特徵的一種，最好能夠加以了解，這樣你就可以在反應迴圈開始運作時覺察。

這也是練習上述辨識觸發特徵時可以達成的目標。當法蘭西斯卡和艾米一起做觸發特徵的練習時，法蘭西斯卡指出，當艾米對其他人付出「很多關心」，甚至多於自己時，她就會被觸發。然後，她的觸發反應是開始批評艾米沒有能力維護關係或承諾。在填寫工作表時，艾米列出了自己的反應行為，是試圖與法蘭西斯卡講道理——告訴她誤判了情況，並向法蘭西斯卡解釋說這些人只是朋友。

她們針對幾個不同的觸發事件，做了幾次觸發特徵的探索功課後，開始發覺兩人存在「反應迴圈」。每當法蘭西斯卡抱怨或批評時，艾米都會開始解釋或貶低事情的嚴重性；艾米解釋愈多，法蘭西斯卡的批評就愈激烈；而法蘭西斯卡愈批評，艾米就愈堅定自己的立場，並堅決證明法蘭西斯卡誤讀情況。到底要像這樣持續多久，這些伴侶才會意識到，自己正在一遍又一遍用不同話語說同樣的事情？事實上，伴侶關係可能會陷入這種溝通迴圈許多年，但是當你學會發現自己的反應迴圈，也知道如何辨識你的觸發特徵，就有更多資源可以用來處理這種狀況。

這些練習可以增強你的覺察力和正面觀照的力量。隨著覺察力增加，自動化的反應行為就會減少，你也更有能力早點決定暫停。與你的伴侶一起做幾次觸發特徵工作表的練習後，伴侶間可能會看到各自的反應行為如何相互作用，創造出可預測的共同觸發迴圈；而當他們加強了覺察這些熟悉模式的能力後，就不用花那麼長的時間才決定暫停，並停止反應。伴侶一起認識並標記反應迴圈的另一個好理由，是這麼做可以強化共同責任的想法，證明你們是一起在迴圈之中，沒有人應該受到指責，而且任何一方都可能隨時中斷這個迴圈。你開始意識到，造成問題的原因是兩個人相互的反應迴圈——而不是你的伴侶。你們兩個相互的製造了問題，這個問題源自於你們都無法管理自己的觸發反應，所以，了解共同觸發的現象，能幫助你對自己和伴侶更加寬容。反應迴圈的發生是因為我們被「連結在一起」。

伴侶想要擺脫惡性循環的唯一方法，就是他們有能力互相協助暫停。一個人停止迴圈並不容易，但當雙方都承擔起暫停的責任時，他們就有機會了。

創造暫停協議

伴侶需要創造一個正式的暫停協議。在接受自己被觸發的事實後，學會暫停是處理觸發反應功課中的第二重要技能。

大多數伴侶都同意暫停是好主意，但很多事情有可能出錯。最常見對暫停產生抗拒的狀況，是伴侶間根本沒有認知到自己被觸發，直到反應行為持續了一段時間，最後這輛觸發反應失速列車早已無法控制。暫停的另一個常見阻力是不想停止對話，有些伴侶可能相信自己就算被觸發了，仍然可以駕馭自己的反應，以解決問題。一般來說，結果證明這是一個錯誤。透過足夠的練習，你決定暫停的能力和意願都會提高，而這一切都要從一個明確且實際的暫停協議開始。不要指望立即成功，也不要在幾次失敗後放棄，因為整個過程會呈現一個學習曲線。

暫停協議由哪些內容組成？其實相當簡單，涉及四個步驟：

1. 與伴侶一起，共同選擇一個單字或短句做為你們的暫停信號，例如，「暫停」、「哇」、「休息」、「嗯哦」。

2. 兩人都同意，如果任何一方說出這個單字，你們會立即停止說話，或停止手邊正在做的事——沒有例外。然後雙方都安靜坐下，用鼻子進行大約十次緩慢且有意識的呼吸，最後決定你們的暫停時間是短的（十到十五分鐘）、中等（一到三小時），還是長的（三到八小時）。

3. 暫停期間，各自都花點時間進入內在，先做自我平靜的練習（第四章），然後是抱持疼惜心的自我探索練習（第五章），寫修復聲明（第六章）。伴侶可以分開各自度過這段暫停時間，也可以無聲地待在同一個房間，但發現還是各自獨處比較好。

4. 最後，到了約定時間，提出「暫停」的人去找另一個人，一起確認各自是否都已感到平靜，並擁有更多內在資源可以進行修復。如果沒有，兩人一起估計還需要多長時間才能準備好修復，然後同意在那之後重新確認彼此狀況。

在某些情況下，人可以很快暫停下來——早在觸發反應接管他們的神經系統之前，這樣的伴侶會發現，要恢復兩人間的安全感並不需要太多時間，只要坐在彼此身旁或附近，做五分鐘有意識的呼吸可能就足夠了，這對伴侶可能都不需要填寫修復聲明。在他們平靜下來後，其中一方只要說：「剛剛我被觸發，但現在又感到安全了，你呢？」然後要求安慰，同時也給予對方擁抱或安慰，這對伴侶就可以繼續他們的生活。

如果認為你們的關係可能也符合這種狀況，那麼先同意短暫的暫停，然後確認兩人是否感到安全和連結，如果是，可能就真的沒問題了，你們的暫停達到了應有的效果——給雙方機會承認自己被觸發，並迅速讓自己平靜下來，互相伸出手尋求連結。

如果伴侶中的其中一方並未被觸發得太嚴重，那麼還有一種有效的補救措施——既可減少神經系統太過活躍，也可縮短自我調節所需的時間，這個方法就是讓那個人說「我知道我們會度過這一切」之類的話。有時像這樣一句簡單而令人放心的話，具有充分的鎮靜作用。你也可以在暫停時期這樣做，對自己說「我們會度過難關的」。被觸發的神經系統通常無法看到更寬廣的遠景——一對伴侶即使經歷多次失去連結，修復後有時會感覺更靠近，而這個簡單的句子可以幫助伴侶們記住，他們雖然經歷了很多難關，現在仍然在一起。

如果要讓任何類型的暫停都能成功，雙方需要具備一定的能力完成整個觸發功課的練習，也就是在第一部中描述的五個步驟，包括：你們都能接受觸發已經發生，可以辨識自己和伴侶的觸發特徵和你們的反應迴圈，可以覺察到各自內心的反應故事、核心恐懼和核心需求，能夠掌握一、兩個自我平靜的練習，學會抱持疼惜心的自我探索，知道如何填寫和分享修復聲明，明白如何給予安慰的保證，以撫平伴侶的核心恐懼和核心需求。

熟悉這整個程序會增強你對暫停的信心——因為你知道在暫停之後，可以做一些建設性的工作，來恢復兩人的連結和安全感。

此外，雙方都該明白，暫停從來都不是用來逃避討論。你們同意一定會在約定的時間回來互相確認，查看兩個人是否都準備好進行修復。在成功修復後，你們可以決定何時再回到觸發事件發生時正在進行的討論。永遠不要試圖在觸發狀態下或仍處於修復過程中去解決問題（無論是金錢、性或孩子）。伴侶雙方都要在感到平靜、安全和開放的狀態下，才能夠一起合作解決問題。要達到那樣的狀態，你要啟動大腦的高階功能。請記住，觸發會劫持你大腦的高階功能，讓你無法與伴侶合作，並帶著同理心傾聽。失去大腦功能，一切都將徒勞無功。

你個人的暫停時間

在暫停開始時，即使已經和你的伴侶做了十次深呼吸，你自己可能還需要繼續做更多呼吸或身體意識練習，才能完全平撫被啟動的神經系統。你可能會注意到自己的思緒仍集中在發生了什麼、別人對你做了什麼、應該或不應該說什麼或做什麼，或試著想證明自己為什麼沮喪、憤怒和失望。而暫停的目標，就是為了讓你發現，並幫助自己放下，或退出這些思緒。透過一些練習，你可以學會有意識地將注意力集中在你呼吸所產生的身體感覺，或你坐在椅子上被支撐著的感覺。你的頭腦可能要一段時間，才能放下需要證明自己是正確、被認可或同意的思緒。不過，即使頭腦處在活躍狀態，你仍然可以體驗到有意識的呼吸所帶來的鎮靜作用。試著數你的呼吸，默默對自己說：「吸氣、二、三、四、休息，吐氣、二、三、四、五、六、休息。」腦子裡的思緒可能還持續在背景游移，但你會發現身體更加安定和放鬆。

在暫停期間進行呼吸練習，對觀察你喋喋不休的頭腦是很有幫助的。例如，你可以觀察頭腦如此思考，**「這只是在浪費時間，對解決我們的問題沒有一點幫助。為什麼他總是忘記打電話給水管工？我再也受不了了。」**像這樣觀察你的思緒是非常有益的，你愈練習觀察自己的想法，而不是認同自己的想法，就愈容易在暫停期間為自己保留富有疼惜心的空間。

當你練習觀察自己的想法時，可能會注意到各種思考習慣，如判斷、比較、責備、總要證明自己是對的或猜測伴侶的動機，這些思考習慣會使你與內在更深層次的感受和需求脫節，若想要療癒自己，就必須先注意這些更深刻且脆弱的感覺，以及恐懼和需求。

觀照你的呼吸，注意自己的身體感覺，讓你的注意力集中在當下簡單的事實——你坐在這個房間裡的這把椅子上。這會創造一種內在的開放感，當你愈敞開，就愈不容易被困在觸發反應中。

在暫停期間啟動自我疼惜

一旦你花足夠時間暫停，為自己帶來平靜和安全的感覺，就可以再花一些時間，透過抱持疼惜心的自我探索練習來與自己建立親密的連結（第135-143頁）。在你被觸發後或在暫停期間反覆做這項練習，以培養一種同理、溫柔和疼惜的態度，去對待自己那些感到受傷、憤怒、不安全、恐懼或不知所措的部分，慢慢你會意識到，像這樣為自己保留一些空間，讓你變得更柔軟、更寬容——所以當你與伴侶見面進行修復時，可以有一個更寬容的心態。

在每次觸發或每次暫停後，都讓自己做一遍抱持疼惜心的自我探索練習。大約在前二十次左右，請按照第五章中描述的所有步驟進行操作，之後，你可能會發現自己可以更快速的完成，甚至跳過一些步驟。最後，所有練習都可以進行得更快，包括要求暫停、自我平靜、為柔弱的自我創造一個富有疼惜心的「保留空間」。正如上面所指出的，透過練習，有時你只需要告訴伴侶，「我被觸發了，現在需要一點時間。」然後過去可能需要花二十到三十分鐘或更長時間才能完成所有步驟，現在可以在不到一分鐘的時間內，與自己內在「待在一起」之後，就能達到效果。

在修復過程中尋求幫助

在進行修復前，如果你已經完成了所有先行步驟，並且在與伴侶見面前就填寫完你的修復聲明，那麼你的修復過程將可以順利進行。然而，如果你的修復不順利，可能是因為你尚未掌握一個或多個先行步驟。通常，接受被觸發事實的步驟是最困難的，如果你抗拒自己被觸發的原因，是來自自己的舊傷、創傷或未竟事務造成的，就會執著於一個充滿責備的編造故事，或認定你的伴侶本來可以或應該有不同的行為表現，你的注意力總是集中在對方沒有做到什麼上，而對話也總是圍繞在尋找過失錯誤。當這種情況發生時，暫停下來給自己一些溫柔，並承認要去感受自己的不安、接受自己已經被觸發實在不容易，因為它讓你感到受傷、憤怒或不安全。人類的小我意識總是沉迷於尋找理由、凡事批判，所以，只是單純感受我們的感覺、不讓我們的思想介入而使事情複雜化並不容易。

填寫修復聲明給你一個機會去練習，承認自己的核心恐懼被觸發了，並請求你的伴侶幫忙你處理這種恐懼，接受並承認這樣一個事實非常重要，因為當你被觸發時，無法看到事件的完整樣貌，而是透過內心不安全感的濾鏡去看待事物，所以有時你需要伴侶的幫助。

如果你傾向於否認自己需要安慰或幫助，那麼在做「抱持疼惜心的自我探索」時，試著多花一些時間專注於自己否認的部分，注意任何關於無能、不足、渴求、笨拙、軟弱、不完美、有缺陷、無力、無助或依賴他人的恐懼感覺。首先，想像這個需要幫助的你無法尋求幫助或無法相信幫助是有用的，然後覺察自己產生什麼感覺和情緒。專注於你發現的任何變化，深呼吸，感受當下的你是敞開的。為記憶和隨之而起的各種感受留出一些空間，保持好奇心，問問這部分的自己有什麼感覺、需要什麼？你也可以嘗試在日記中寫下那個蔑視軟弱的你和需要幫助的你之間的內心對話，這是加強自我疼惜的另一種方式，幫助你與自己建立更好、更具支持性的關係。你與自己的關係愈好，與他人的關係就會愈好，對他人的依賴也會愈少。

修復的基礎是接納自己被觸發而產生自動反應，承認自己的恐懼引發這種反應。請安慰你的伴侶，讓他知道你在觸發時所做、所想或所說的都**不是**最深層的事實。試著尋求幫助或安慰，同時也讓自己得到安慰。一旦你對安慰的請求能得到回應，這樣安慰的經驗重複多次之後，就可以療癒任何因情感痛苦而產生的恐懼，並修正總是連結到不安全感的大腦迴路——因為你開始允許自己接受，在你成長發展的關鍵時期沒有得到的關愛和照顧。畢竟要得到幫助，首先你要承認自己需要幫助。

下意識或不顯著的觸發反應

長期的親密關係可能會發展出一些不健康的模式，而且可能會被忽視多年。因此，伴侶間除了要辨識出雙方的反應迴圈之外，還要注意這類不太明顯的壞習慣。

親密伴侶會下意識感應到對方喜愛或討厭的事。當伴侶快樂、心情好或展現關懷時，雙方都會感到安心。但是伴侶心煩意亂或不關心他們時，就會感到不安全。極端情況下，這可能會發展成相互依存的關係，在這種關係中，每個人都極度關注伴侶的狀態，以至於失去與自己真實感受和需求的連結。每個人都試圖取悅和安撫伴侶，卻不忠於自己。伴侶關係的狀態會隨著相互依存程度的不同，而產生極大的差異。

這與我們大腦中的生存警報系統有關，這個系統總是不斷掃描自己與「我們依賴的那個人」之間有沒有裂縫，隨著時間推移，若裂縫沒有得到修補，而內心復甦的恐懼故事也從未被審視，伴侶之間慢慢就會透過核心恐懼的濾鏡來看待對方。他們會想「我對他來說無關緊要」、「我太過分了」、「我很令人失望」、「我不夠好」。再經過一陣子，人們可能會開始相信他們內心的恐懼故事是真實的，他們對伴侶所做的任何事都非常敏感，即使那些事情與他們無意識的恐懼／信念毫不相干。他們可以在每個地方「看到」證據，他們不再感到安全，好像到處都是地雷，於是雙方生活在慢性的警戒、焦慮或缺乏輕鬆自在的狀態中，卻沒有意識到這一點，因為他們已經習慣了。但事實是，這樣的伴侶一直都處在下意識被觸發的狀態。為了解決這個問題，他們需要對伴侶關係中微妙的觸發跡象帶有更多覺察。

觸發的微妙跡象

有許多微妙的跡象，會讓大多數人不認為是觸發反應。如果未修復的裂痕一直累積，這些微妙的刺激就會隨著時間慢慢增加。例如，如果一位女性要求她的伴侶坐下來談談，雖然對方同意了，卻沒有表現出她所期待的熱情，所以她心想，其實他根本不想說話，於是告訴他「沒關係，可以等之後再說」。由於她本身就一直帶著不安全感，加上兩人間積壓了許多未修復的關係裂痕，讓她已經到了對任何跡象都警惕自己、認為自己對伴侶來說不重要的地步。她到處都能「看到拒絕」，她沒想過他那種不慍不火的態度，可能與他對她提出要求的感受無關。

雖然這個例子中的女性沒有明顯的觸發反應，但她還是被觸發了。當她說

「可以等之後再說」時，就是基於內心反應故事所產生的觸發行為。在這種情況下，她內心的恐懼故事是：他其實根本不想說話，他對她並不感興趣，她不重要或對他來說不是很重要。她沒有透露這些恐懼，因為她自己可能都沒有意識到這些恐懼。她自動做出反應，養成了仔細觀察伴侶一舉一動的習慣，尋找他對她自己不感興趣的跡象。她的恐懼故事引導她的期望和行動，很快地，她可能會完全停止尋求伴侶的關注，或只會以非常間接的方式去要求。隨著每一次這類事件重複發生，心中的恐懼故事都會一再加強，愈來愈深入她的潛意識，然後她先發制人地選擇不期望太多、不依賴他、不相信他在乎。最後，她會發展出下意識的模式——不要打擾他，不要求太多。

如果這種保持距離的習慣繼續下去，伴侶會感到愈來愈不安，彼此更加戒備。許多伴侶每天都在經歷像這種交流方式，並認為這就是現實。時間一久，這些未經審視的反應故事可能會慢慢擴大，在這個例子中，那位女性最後可能會認為她的伴侶非常自我中心、對她漠不關心，甚至自戀。

如果你懷疑自己和伴侶已經習慣與這種下意識的觸發反應一起生活，那麼現在是時候進行嚴肅對話了。以下是關於如何進行這個對話的一些想法：

1. 首先，對伴侶說你想探索你們之間是否正發生著下意識的觸發反應。如果你的伴侶不知道那是什麼，請解釋其概念：在一段關係中，隨著相處日久，伴侶會蒐集一些資訊，知道有些事可以獲得注意力或讓彼此產生較好的連結，有些則成效不彰。伴侶會利用這些資訊來評估什麼是安全的，甚至擅自認為有些事是伴侶無法或不想付出的。他們可能就會自主停止詢問或要求。問問你的伴侶對這個概念的看法，並分享你自己的想法，以及從你們關係中注意到的任何具體例子。

2. 強調這種互動方式產生的一種結果是：人會習慣用間接方式表達需求。妻子不會直接對她的丈夫說：「你工作時間很長，常讓我獨自和孩子相處。我很想你，我需要感覺到我們是一個團隊，我希望你可以減少一點工作，花更多時間和我們在一起。」她可能只是用暗示、批評或抱怨的方式表達，而不直接以開放方式詢問。邀請你的伴侶一起想想，你們兩個是否都犯了這種間接詢問的毛病。

3. 然後邀請你的伴侶進行一次對話，但重點是這一系列問題要你們自問自答。首先問自己「有沒有什麼是當我們剛開始在一起時，我會希望或想要的事，但現在已經不再想或期待了？」，在開始分享你的答案之前，確保你的神經系統是平靜和放鬆的、你的思緒是開放和好奇的。過程中，如果出現第一個觸發跡象時，你也準備好可以隨時暫停，並讓自己平靜。雙方輪流發言和傾聽，不要打斷彼此，也許可以先協議每個人都擁有五分鐘左右的發言時間。彼此輪流發言後，簡單彙整一下這項練習的內容，各自分享在練習過程中覺察到的感受、情緒或頭腦裡自我對話的內容——例如，是否有任何熟悉的恐懼感覺浮現？在繼續下一個問題之前，你們可能需要休息一下。

4. 接下來想一想這個問題，「你是否能回憶起至少一個特定的狀況：你想要從伴侶那裡得到一些東西（例如，和他們在一起的時間，或與他們分開的時間），但你非常確定自己提起的話伴侶會有什麼反應，所以你絕口不提？」如上所述，雙方都要回答這個問題，並輪流發言和傾聽。

5. 最後，想一想你們剛剛提到的具體事件，並問自己「如果我能重來一遍，如果我對你的任何回答——不管是什麼樣的答案，我都感到完全安心。我會怎麼對你要求我想要的東西？怎麼表達我的需求或擔憂？我實際上會說什麼？」

6. 在你們都各自回答、並對這些問題的答案有一番討論後，分享一些關於如何幫助彼此，可以更放心要求對方給予時間或關心（或任何其他事情）的方式。如果這項練習期間發生觸發反應，請隨時準備好可以暫停和進行自我平靜、自我舒緩，以及進行修復。然後，彙整練習的內容，讓彼此有時間分享過程中覺察到的自身感受、情緒、內心故事和觸發反應。

經常這樣互相確認的伴侶會發現，雙方對於一些本來難以開口的話題，會愈來愈容易開口討論和傾聽。恐懼得到了安慰，而戒備、保護或打安全牌的需求消失了。矛盾的是，你愈不打安全牌，你們兩個就愈覺得有安全感。

不住在家中的成年子女。

把為人父母當作一種修行

前一章我提議將親密關係當作一種修行——一條通往內在成長和療癒的道路，一種心靈旅程，而這個建議既適用於伴侶，也適用於親子關係。只是其中有很大的區別，那就是在養育子女方面，孩子與你並不平等，也不是一般認知的互惠關係，更像是你給予然後孩子接受，這也是父母會被觸發的原因之一。

為人父母常常擁有一些內在設定好的驅動力，這些動力作用讓他們不斷重複被觸發。在與許多父母和家庭進行輔導工作後，我確認為人父母最容易被觸發的常見內在動力有三種：

1. 這不公平，那我的需求怎麼辦？
2. 孩子的缺陷觸發了我。

3. 我不了解我的孩子。

我的需求怎麼辦？

大多數人在弄清楚如何成為自己內在小孩的好父母之前就有了孩子，他們自己都還有很多未滿足的需求。事情不順心時，他們很容易感到沮喪，所以這些人有了孩子之後，孩子對於關愛的需求，對他們來說成了沉重的負擔，也因此產生很多觸發機會，就好像父母某個內在隱藏的部分常常在吶喊：**我呢？我的需求怎麼辦？**

我認為這個問題非常普遍，但父母大多不太願意承認。他們原本在滿足自己需求方面就做得不好，現在又多了一個不斷需要他們關注照顧的小孩。最早，發生在父母自身對睡眠的需求對抗嬰兒餵奶或擁抱的需求，然後是父母有自己的事情需要完成，卻又必須幫幼兒洗澡、換衣服、穿衣服、陪他們玩，同時要保護他們安全。大多數父母都期待事情可以順利，卻好似永遠不會結束，然後愈來愈難接受自己要做出這樣的犧牲。

如果你或你的配偶經常抱怨，表示你們自己的需求也許沒有得到滿足，且經常處於觸發狀態。抱怨傳達了一種訊息，就是我們有些想要卻沒有得到的東西。也許我們想要從配偶那裡得到更多幫助或讚賞，也許我們只是想休息一下或小睡一會兒，也許我們希望孩子可以更獨立一點，或至少不那麼需要別人幫忙，又或者我們伴侶的注意力太集中在養育子女上，以至於我們感到被忽視或遺忘。

父母的療癒練習

如果你覺得上述狀況中有任何一項很熟悉，請花點時間想一下自己的需求有多少得到滿足？這當中包括得到幫助、團隊互助、合作的需求，還有得到欣賞或重視的需求，以及覺得你做得夠多或夠好了的需求等等，這些需求是否牽動了你的心？如果是，請嘗試以下自我滋養（self-nurturing）的練習：

首先，專注於自己的一個特定需求，或當你成為父母時某個沒得到滿足的自我需求（如需要得到重視或欣賞）的特定記憶。反思你對於這種需求的感受，或回到那個特定的記憶，覺察身體的感覺和情緒。

就像在抱持疼惜心的自我探索練習中一樣（見135-143頁），確認自己的呼吸充分且深沉，以支持任何浮現的感覺。當你的呼吸通暢並讓自己變得更寬敞時，展現一種宏大、開放、滋養的態度或姿勢，為那個因需求未滿足而產生的感覺提供空間。

繼續注意呼吸時的身體感覺，同時也歡迎任何其他感覺浮現——這些感覺似乎與你正在經歷的未滿足需求有關。允許記憶或過去的聯想浮現，你可能會想起童年時期的記憶，在那裡，你成長過程中的某個心理需求——受到保護、安全感、關愛或支持的需求沒有得到滿足。如果有這些狀況，請回想一下你做為那個孩子當時的感受，讓現在做為見證者的你溫柔擁抱那個孩子，看看你是否能啟動自己內在的好母親模式，無論你的內在小孩感受到什麼，她都能提供滋養與接納的空間。

像這樣陪伴自己一段時間，提供安慰、溫柔和同理心給那個未得到滿足或不被支持的自己，或給那些未得到滿足的需求，看看現在你是否能為自己感到疼惜或**心疼**——為了你的內在小孩，或為了那個忙碌與壓力爆棚的自己。這種心疼不同於**自怨自艾**，而是自我疼惜和同理心的展現。

如果出現責備、羞愧或內疚的想法，請繼續從疼惜的觀察者角度去見證這些想法，然後回到注意情緒和身體感覺的步驟，如果眼淚來了，允許它來，安慰自己：所有的感受都是可以被理解的，有這些感覺是可以的。

讓這些感覺受到觀照與見證，並持續一段時間，同時繼續充分深呼吸。一段時間後，你會產生放鬆和寬慰的感覺，或者覺得不再孤單。你可以在這裡陪伴自己。你的外在環境可能保持不變，但你與環境的關係已經有所不同，就好像你對自己的處境有了新的看法。你邁出了一步，接受現在的狀態。反覆進行這種自我疼惜的練習，可以療癒你對情緒不安、憂慮、痛苦所抱持的恐懼或羞愧感。

懂得自我疼惜，是成為更真誠慈愛父母的關鍵。當你練習對自己寬容和同理時，你對自己、對孩子、對他人和生命本身的期待就會更加實際——這意謂著當事情不是依照你認為應該或可以發生的方式發生時，你也不再為此受苦，可以讓內心那些喋喋不休——無論是關於自己或孩子的事，警告你事情不對勁的聲音安靜下來。而這也是為什麼為人父母是一趟英雄旅程與覺醒之旅。

我被孩子的缺陷觸發了

當父母看著孩子長大時，他們會注意孩子擅長什麼、不擅長什麼，孩子偏好什麼、迴避什麼，還有他們的優良習慣和不太有用的特質。如果一個孩子久坐不動、更喜歡盯著電腦和電視螢幕，而不愛在戶外玩耍，可能容易變胖。他們也可能非常敏感、感情很容易受到傷害，可能很難與他人合作，總是隨自己的方式行事。一個孩子愛發脾氣，成長時常抽搐、口吃或尿床，做父母的都會害怕這些狀況可能預示某些潛在的心理問題。而孩子可能非常害羞和害怕冒險，在發展友誼方面遇到困難，目前都還不清楚究竟是為什麼。

有些父母發現孩子的某些行為，會讓他們想到那些不喜歡在自己、配偶或其他家庭成員身上看到的狀況。有些父母可能會想起自己的父母，以及他們在成長過程中所經歷的功能失調行為，例如，許多成年人可能在童年時看見父母沒有良好的自我照顧習慣、不成熟或沉溺於某些事，當他們自己成為父母後，看到這類狀況出現在自己的孩子身上時，就可能讓他們被觸發。

對於父母來說，看著自己的孩子帶著他們童年時有過或現在仍然有的自暴自棄習慣或弱點成長，會感到特別難受。在這裡我借用一個認識的家庭做為例子來說明：

有天，史蒂夫看著鄰居家的孩子正在為一場自組的壘球比賽做準備，他十歲的兒子湯米也是球隊的候補人選之一。隊員是由兩邊的隊長來挑選，而史蒂夫很清楚，雙方都不太想讓虛弱和不愛運動的湯米加入自己的球隊。當看到湯米試著忍住眼淚時，史蒂夫給了兒子一個鼓勵的眼神，但在內心深處，史蒂夫自己的羞恥感被觸發了。他的核心恐懼就是害怕自己不夠好。史蒂夫小時候也常感到虛弱、不擅長運動、缺乏信心，這種感覺一直持續到成年。現在做為父母，他一直盡最大的努力確保湯米不會步上他的後塵。史蒂夫不希望湯米經歷自己在青春期遭受的痛苦。史蒂夫看著賽事的進展，即使不想為兒子感到羞愧，還是忍不住——每當看到湯米沒有嘗試便放棄（就像史蒂夫自己有時也會這樣），他就會被觸發。每當他看到湯米因為沒有認真專注，而犯了一些粗心大意的錯誤，史蒂夫也會被觸發，即使他知道這也是自己的弱點之一。

如果你被孩子身上的某件事觸發，讓你想起自身某些缺陷，可以把這視為一個起點，幫助你進行自我探索和療癒。而取決於孩子的智力和情感成熟度，這也提供你與孩子一個進行更深入溝通的機會。

如果你的孩子懂得表達情感的一些詞彙，並且已經超過十歲，我建議你與孩子進行一場公開討論，聊聊關於你被觸發的原因和不安全感，或你自己的優點和弱點。這可能會引出更寬廣的討論內容，包括每個人如何擁有自己擅長和不擅長的事，以及承認自己的弱點有多難。但是，在你花一段時間做本書的練習、並能接受自己的缺陷之前，先不要發起這個討論。我們的目標是學會接受我們都各有成長優點，也有弱點和不擅長的事情，而不再那麼秉持完美主義。

練習：識別你的缺陷

無論你是否為人父母，花一些時間列出個人的優點和缺點，不需要全部、只需要舉出幾個優點和幾個缺點就可以。如果你是父母，也把孩子的長處和短處列成一個類似的清單。然後比較自己和孩子的清單，並注意優點和缺點間相似和差異的地方，記下你和孩子在哪些方面有相同的弱點，或哪些是你的優點卻是孩子的弱點。這些都是危險信號，兩種情況中的任何一種都可能讓做為父母的你被觸發，如果你的配偶（或其他扮演孩子父母角色的人）有空，也嘗試請他們一起做這項練習。

選擇你記下的危險信號之一，用來做以下練習。與所有的觸發練習一樣，從舒服坐下開始，讓你的呼吸加深，讓自己平靜下來，如果覺得可以，請閉上眼睛。

1.回想某個特定的情況：孩子表現出某個行為完全展現了這個缺陷，或者你因孩子的某種行為而被觸發，讓當時整個場景浮現在腦海中。

2.讓自己再次體驗當時的情緒和身體感覺，回憶內在和外在的種種反應，並注意出現什麼想法、自我對話、結論、批判、擔憂或恐懼故事。

3.讓自己與這些感覺、想法和感受待在一起一段時間，並擴張你內在的感知空間，為任何不舒服的感覺、情緒或想法騰出空間。注意是否有某個特定的感覺或想法特別突出顯著，覺察是否有任何移動或變化，有沒有什麼變得更強烈，什麼變得不再那麼強烈，甚至開始融解。

4.如果感覺變得過於強烈，請停止與感覺待在一起。環顧你所在的房間，描述房間中的一、兩個物件，並說出它們的名稱。

5.注意你自己這個觀察者，對意識中出現的一切有什麼感覺。你是否感到放鬆和開放？還是你對自己的內在體驗感到抗拒？如果你的身體呈現緊繃或收縮的狀態，或想法充滿批判或指責時，就是在抗拒。

6.如果出現抗拒，看看是否能擁抱這種抗拒，並理解它是你的一部分。讓自己對這種抗拒感到好奇，觀察是否有任何身體感覺或姿勢與這個抗拒有關？把這些都當作體驗的一部分。

7.如果抗拒沒有出現或抗拒消失了，請繼續迎接任何浮現的東西，看看是否有任何記憶或聯想出現。如果浮現有關自己過去的記憶，包括你的童年，請用同理心或溫柔來支持這個童年時期的你。

8.看看是否可以試著想像這個柔弱幼小的你需要一些東西。他需要什麼？在你的想像中，把那個弱小的部分當成需要滋養的存在體，問問這個存在體需要從你身上得到什麼？你不一定能得到一個明確的答案，但沒關係，這並不如你給予內在小孩關愛，或給予經歷痛苦、難過和羞恥的自己支持來得重要。

9.像這樣和自己待在一起一段時間，保持充分的深呼吸，感受坐著的椅子給你的支撐。當你準備結束這項練習時，請睜開眼睛環顧四周，進行伸展、動一動或起身走走。

第二步：點和點連成線

完成這個反思的練習之後，想想孩子做的那些讓你觸發的事情，與你自己的缺陷，或與你父母或配偶的缺陷有什麼關聯。有沒有發現自己的缺陷和孩子觸發你的行為間有任何相似之處？或生活中有某些事你特別擅長，而孩子卻完全相反？當你做這項練習時，是否會引領你來到內在一個更寬容、更能接納的地方？這些練習的目的，是讓你學習用更寬敞的覺知力和懷抱疼惜心的觀照方式，看待自己那些不愉快的經驗。任何難以接受的狀況，都可以成為自我探索的起點。一旦你學會將為人父母當作是一種修行，就不會再期望生命一定得走上任何特定的道路。你會開始認為發生令人不愉快的事件和不必要的意外是很自然的，當這些事情出現，你只要處理就好。觸發反應也會發生，但當反應發生時，你已學會把它當作通往更深層次的自我體驗和自我覺知的門戶。

做這項練習時，父母可能會發現孩子導致觸發反應的一些行為，讓他們想起自己童年時父母對待他們的方式。例如，假設孩子以固執的態度觸發了父母，父母在練習時與自己的內在小孩連結，然後感到被自己的父母支配或控制，這就解釋了為什麼這些父母經常感到被孩子操縱或控制，因而被觸發。一旦這些父母看到這種連結，就會認識到他們做為父母的內在功課，還得包括面對自己害怕被操縱、控制或忽視的恐懼。他們可能會在與孩子的關係中感到軟弱無力，也許對其他人或這些父母自身來說很荒唐，但觸發反應本就不合邏輯。觸發反應代表我們發育過程中產生某些錯誤連結，影響了大腦運作。在這種情況下，如果這個人做為一個孩子，擁有具有支配性格的父母，他們可能很早就學會害怕與這種父母對抗或起衝突。每當他們試著反抗父母時，父母就會非常生氣或憤怒——這相當可怕，因為他們可能會想像如果自己反抗父母，最終將導致情感上被遺棄，使他們不敢想像表達任何強烈主張的後果。結果他們成了唯唯諾諾且服從性強的小孩，不惜一切代價避免衝突和爭論。這種人格模式——順從而非主張的模式，可能持續一生。他們成年後，雖然意識到自己的孩子不會拋棄他們，但每當產生潛在的衝突時，他們仍然會恐懼或驚慌。這些父母對情感斷裂或被遺棄的恐懼仍可能被觸發，當然這種恐懼是可以療癒的，只是需要練習。

再舉一個例子，也許父母被觸發是因為他們看到孩子表現一些行為——例如，不良的生活習慣，這些行為可能會傷害他們自己，或者導致成年後產生麻煩。然而這些部分剛好是父母擅長的，例如，父母身體健康有活力，於是開始擔心孩子變肥胖和懶惰。當他們抓到孩子偷偷吃垃圾食物時，父母就被觸發了，他們感到無助、失控和無能為力而非常痛苦。這些父母可以怎麼做？這時最重要的就是給自己的痛苦一個空間，抱持疼惜心去觀照就好。

如果你也有這種經驗，看看自己是否可以接受，有時看著孩子會感到痛苦的事實。當你看到他們沒有以你想要的方式成功時，你會心痛。如果這種感覺沉重地壓在你身上，請先允許自己的任何感覺浮現，對自己溫柔一點。經過一段時間後，重量就會減輕些。如果我們想對孩子產生正面影響，最好先清除腦袋裡某些造成觸發的扭曲想法，然後就能以一種帶有情感連結和信任的方式與孩子溝通。

我不理解我的孩子

孩子有時會出現一些意想不到的行為，在父母看來很奇怪或不尋常。有時這種異常會突然出現——例如，當父母想要抱抱他們的小寶貝，孩子卻掙扎抗拒。然而大多數的情況下，這種狀況會出現在孩子發育後期。在子女很多的家庭中，這些異常可能並不那麼令人煩惱，但是當父母只有一個孩子時，他們就可能被這種「不尋常」的行為所觸發。

有很多例子顯示，父母和孩子的生命運作方式不同。例如，父母可能非常科學，以數據為導向，但他們的孩子可能看起來像一個夢想家，依照直覺行事。有的父親可能是「男人中的男人」，卻有一個偏中性的兒子。父母可能無憂無慮且樂觀向上，卻有個凡事擔憂的孩子。

如果你和孩子間有這種差異，對你們來說可能是獨特的成長機會。這種情況會迫使你在看待一個人時，能超越任何有限且自我導向的觀點，幫助你接受事實：你的生命動力和目標，並不一定是他人的動力或目標。

如果擁有一個看起來與你不同的孩子會讓你感到痛苦，我建議你去探索一些關於人格類型的書，例如，邁爾斯—布里格斯性格分類指標（MBTI，Myers-Briggs Type Indicator）或九型人格系統（Enneagram system of types），這些理論可以幫助人了解自己無法理解的各種人格類型。

學習面對親子之間性格的差異，可以幫助你學會在一個人格類型多樣的世界裡過得舒適。大多數人都會天真的期望別人的反應基本上和自己一樣，無論你的性格是哪一種類型，我都鼓勵你帶著好奇心去認識這個類型的弱點和盲點，同時意識到每個人都可以不斷成長或進化、超越自己的人格類型——你被歸類於某個類型並不是被判了無期徒刑，這只是遺傳學和條件反射的結果，人們繼續在這條為人父母或任何其他關係的道路上前進，就可以不斷學習和改變。擁有看起來跟你非常不同的孩子可能會令人沮喪，但也可以成為個人成長道路上最大的禮物。

如何修復你與孩子的關係

無論出於什麼原因，如果你被你的孩子觸發了，就需要進行內在功課，然後儘快開始修復與孩子的關係。如果你還記得小時候父母任一方對你生氣時的狀況，可能會有所幫助。大多數人記得他們曾有一刻感到害怕、不安全，甚至驚慌，而在這之後心裡最需要的是什麼？大多數孩子會說，他們需要確認無論發生了什麼，自己仍是被愛的。他們都想知道父母已經釋懷，而且還是深愛他們。

在我的童年時代，這方面算是相當幸運，雖然父親的怒火經常對我猛烈撲來，讓我嚇得全身僵住，但他總是在不久之後來找我，告訴我他很抱歉，自己反應過度了。有時他會告訴我，我的行為嚇壞了他，因為他擔心我可能會傷害自己（例如，我曾經衝到街上，差點被迎面而來的汽車撞上）。有時他會說，他不知道為什麼自己會做出這樣的反應，但這並不是因為我有什麼不好或做錯了什麼。這些道歉對我來說意義重大，即使現在我想到這裡，眼睛裡還是充滿感激的淚水。當他生氣時，我以為他不再愛我了，但他不會讓我在這種恐懼下待太久，他足夠成熟，能讓自己平靜下來，理解並疼惜我的恐懼和需求，然後對他的觸發反應行為負責，向我保證他的愛。

當要和自己的孩子一起進行修復過程時，你用於修復聲明上的詞句，會隨孩子的年齡或成熟度做調整。我父親通常都是用一句話開頭，「對不起，我發脾氣了。」而我當時只有五歲，就可以知道他的意思。現在你也可以用這個方式傳達給一個五歲的孩子，同時告訴他，我們現在需要「暫停」一下，以便讓我們在不開心之後可以冷靜下來——「不開心」這個詞可能是個不錯的通用詞彙。接下來，當我們都冷靜下來後，應該道歉或進行修復。在你教了孩子這麼多之後，過一陣子，也許還可以添加「如果可以重來」的想法（例如，「如果我能重來一遍，我會……」）。當然，要教孩子懂得這些概念的最好方法，就是親自示範，而不是用簡短幾句說明，便期待他們能理解這就是彼此相愛的人處理憤怒和其他關係裂痕的方式。以下是我建議的修復聲明，適用於五至十八歲的孩子：

我想為＿＿＿＿＿＿（填入你被觸發時的行為，例如，我大喊大叫、打了你、罵了你、甩門、無視你等等）**道歉**。

我很抱歉我做了（或說了）那些，我不是故意的。

選填：我被觸發了。（只有當你的孩子能理解觸發概念時才說，但不要利用這句話來大事化小，或當作你錯誤行為的藉口。）

我想讓你知道我已經不生氣了，我非常愛你。（伴隨溫柔的擁抱，或先詢問孩子，「我們可以抱一下嗎？」）

當你把這個修復聲明傳達給孩子，注意他們看起來是放鬆的，還是很緊張。如果他們看起來很緊張，問問他們「我嚇到你了嗎？」或「你還在生我的氣嗎？」，問問題之前，請確認自己是感到開放和寬容的，並給孩子足夠的時間來回答。如果你問完問題後繼續說話，會給他們一種印象：你其實並不想要一個誠實的答案。如果你的孩子承認他們仍然覺得害怕，給他們多一點同理心和理解——就像你對待自己的內在小孩一樣。

當孩子學會生氣與不開心是可以療癒的，將有助於他們長大後願意為了親密關係承擔情感風險，他們對自己重視的人就不再那麼小心翼翼、防備或遮遮掩掩——因為他們知道，有時難免會無意中傷害別人或受到傷害，但最終都是可以原諒和修復。

第九章 我被我的朋友觸發了

如果雙方在一段友誼中，都能將彼此關係視為成長的功課，就可以提供與婚姻關係相同的契機來療癒童年創傷。

許多親密友誼都有類似手足的相互影響力——具有相互較勁、比較或競爭的特性，有些甚至像親密伴侶般，具有追求與被追求的相互關係。即使在不那麼複雜的友誼關係中，當彼此的需求、價值觀、期望或性格類型存在差異時，就可能經常產生觸發反應。

雪倫和泰勒在一家咖啡館見面吃午飯，甫坐下，泰勒就開始抱怨她和另一個朋友相處時遇到的困難。雪倫並不認識這個朋友，她假裝很感興趣，但其實心裡很失望，感覺泰勒似乎對另一個朋友比對她更感興趣。即使後來她們換了話題，雪倫也開始心不在焉。當她們告別彼此後，雪倫意識到自己之前被觸發了，陷入了微微的凍結反應，不斷說出一些話，臉雖可以在適當的時候露出微笑，但她的心顯然不在那裡。

回到家後，雪倫靜下來更充分感受自己的情感時，意識到自己對不被看見或不被重視的恐懼被觸發了。當她花一些時間進行抱持疼惜心的自我探索練習時，連結到一種從小就很熟悉的感覺。她想起好幾次自己表達了一個願望或意見，希望得到哥哥或媽媽的關心和回應，但他們經常用與雪倫所說完全無關的事情來回應，讓她有不被看見的感覺。這種情況經常發生在她身上，導致她產生一種核心恐懼：害怕自己微不足道、不被看見、不重要。最後，她學會用封閉自己或閉嘴來應對這種下意識的恐懼，卻因此讓她更不被看見——對自己和他人來說都是如此。

選擇如何回應朋友

如果你是雪倫，對於這種狀況你會怎麼做，或怎麼跟你的朋友說？你會直接告訴泰勒她有時實在不夠細心？你是否會發誓要更熟知自己的觸發特徵，以便可以更快速覺察自己的觸發反應？你是否會利用這件事做為一個機會，給柔弱的自己更多疼惜、慢慢接納自己，逐漸減少對困難情感的抗拒？你會回去跟泰勒澄清狀況並修復關係，向她透露你的這種恐懼被觸發，導致你封閉了自己，並希望得到她的安慰，確認你對她來說很重要？還是你會認為泰勒太常觸發你，最好從現在開始避開她？以上這些都是可能的選項。

你做出的選擇，將取決於你最初的目標是什麼。是為了在這類事情發生時免除不愉快，還是試著療癒和成長。每當你在人際關係中，很難選擇自己應該要說什麼或做什麼時，先問問自己：我的目的是什麼？是把這段關係視為修行，讓雙方都有機會療癒和學習，讓內在更強大，兩人都能更深刻了解彼此？還是為了保持和諧、表現堅強、避免不愉快、保持舒適感、感覺能夠掌握或覺得被認可？在我的書《變得真實》（*Getting Real*）中，我提出同樣重要的問題，但角度略有不同，「你溝通的意圖是**連結**（了解和獲得了解，這可能有風險，但可以促使你們成長），還是**控制**（管控並盡量減少不適，這是多數人的預設立場）？」

在任何情況下，當被朋友觸發時，你也可以想想另外兩個問題：如果這個觸發因素不斷出現，我的神經系統能處理嗎？我的朋友是否將人際關係看作一條重要的成長道路？要回答第一個問題，請回顧你過去的經歷。當那些讓你「覺得自己不重要」的事情發生時，是否造成你再度創傷？是否需要很長的時間才能恢復？而回答第二個問題時，假設這個朋友是你想要更深入交往的人，我建議你自問：他們是否重視將關係中的不愉快視為機會，用來處理觸發問題和修復關係？他們有內在彈性來做這件事嗎？換句話說，在一次令人不愉快的談話之後，他們能恢復嗎？他們能忍受聽到你說你對他們所做的事情不滿意嗎？

如果雙方在一段友誼中，都能將彼此關係視為成長的功課，就可以提供與婚姻關係相同的契機來療癒童年創傷。處理觸發反應的工具對於任何類型的關係都很有幫助，而在大多數友誼中，雙方不像婚姻伴侶那樣相互依存（朋友並不住在一起或有共同的孩子），所以一般來說，他們應該更少有機會產生衝突。有時某個朋友就是會按下我們觸發的按鈕，但畢竟兩人利害關係程度較低，因此在這類型的關係中處理觸發反應的功課，會比較沒有那麼大的壓力。

但另一方面，利害關係少，也表示人們比較沒有動力堅持下去，畢竟放棄友誼比結束婚姻更容易。如果你已經嘗試將處理觸發的工具運用在這段友誼上，但發現那對你的神經系統來說太辛苦，那麼退縮或重新定義友誼關係也沒問題。避免再次受到創傷、承認你能忍受的情緒強度有限，這都是可以接受的。人們對於人際交往中關係緊密的程度，有各自不同的喜好與容忍度，如果你認為自己屬於輕量級，就不要和重量級選手一起上擂台。與我的一些朋友相比，自己有點屬於羽量級，我認為寧願承認這一點，總比持續生活在壓力中來得好。你可以斷絕一段友誼或將其限制在一定的時間和某些活動範圍內，但如果這是你的選擇，就不要責怪對方，這是一種學習接納的內在功課，讓你可以超越指責的心態而成長，畢竟有時對於某些需要一定程度自信的特定關係，你可能不想涉入太深。

如果你想邀請一個朋友參與你的練習，將你們的友誼當作學習、成長和深入連結的過程，你可以開始對話。你可以說：「我一直在探索和學習關於自己情緒觸發的功課，而友誼關係是我產生觸發反應的一個地方。你是一個好朋友，所以我想問你是否願意和我一起做些相互約定，幫助我們在觸發時及時覺察並揭示，之後有利於修復關係或澄清狀況。透過這種方式，我們可以更了解自己又能一起成長，避免積累傷害或怨恨。你覺得這是你想要嘗試的嗎？對於這些有沒有什麼問題呢？」

如果朋友同意一起參與，也許建議他們先閱讀這本書，特別是第一部的內容，以便他們像你一樣了解修復過程。如果你和你的朋友決定朝著這個方向前進，一開始會有很多嘗試和錯誤，用這本書來引導你們。此外，你和朋友也可能會想讀我另一些討論觸發反應和人際關係的書：參見《變得真實》（2001）、《說出真實》（*Saying What's Real*, 2005）和《五分鐘修復關係》（*Five-Minute Relationship Repair*, 2015）。

避免再度創傷

決定該如何面對造成觸發狀況的友誼時，建議對自己誠實一點，並保有疼惜心，採取避免再度創傷的選擇。本書中，我曾建議把日常生活當作一種修行，其中也包括友誼，所謂「修行」，就是以正面思考、慈悲的態度去面對生活中出現的狀況，這樣你就能學會接納並陪伴自己那些不愉快的感覺。我們的目標是讓內在變得更強大、更冷靜，這樣才更有勇氣和鎮靜的態度去面對生活中的挑戰。但在學習的過程中也不要太強迫自己，不要讓自己處於不適的狀態太久，反而傷害自己。後退和前進一樣都是必要的，有時我們得退回自己安全和平靜的家、自己的房間或我們內在的避難所。

當一段友誼持續處在壓力或觸發狀態時，我建議暫時分開不接觸，讓雙方各自回到自我，特別是在你生命中受過多次創傷，或有明顯的複雜性創傷後壓力症候群（complex PTSD），這一點尤其重要。在某些情況下，一次又一次反覆劃定界限或處理違反協議的狀況，會造成再度創傷。這時候，你可能需要在沒有做太多（或任何）解釋的情況下離開或自行劃定界限，因為有時解釋的行為會對你的神經系統造成太大壓力。若必須維持某些特定的友誼，需要做的內在功課實在太多，因此即使你是生活面對重要他人「有問題一定要解決」的個性，有時那不是最明智的作法。

舉個例子，愛琳遭受過幼年的性虐待和其他成長時期的創傷，她決定與露易絲斷絕長期的友誼，因為當她與露易絲相處時，常常承受過大的壓力。露易絲有一個習慣，她習慣帶著憤怒向愛琳抱怨她與丈夫的性生活。在她們長時間的友誼交往中，愛琳一再要求露易絲不要抱怨這個特定話題，但露易絲卻一直持續這種導致愛琳觸發的行為。她似乎在利用這段友誼來化解自己與丈夫產生的觸發反應，但這對愛琳來說是再度創傷。露易絲很難理解愛琳對這件事的敏感，因為她自己對性更開放也更隨意。愛琳開始注意每次和露易絲在一起時，她的神經系統都會經歷一種恐慌、大難臨頭的感覺，發現自己全身僵硬，根本無法向露易絲充分解釋這種狀況。所以有一天，在另一次見面互動時，愛琳試圖維護自己的界限卻失敗後，她告訴露易絲自己不能再和她做朋友了。為了保護自己脆弱的神經系統，愛琳沒有多做解釋就與露易絲絕交，因為她認為任何對話——即使只是很簡短的對話，都會讓她不堪負荷。這是不幸的結果，但有時斷絕友誼是我們唯一能做的。

即使造成我們感到不安全的是自己的缺陷，即使對方沒有做錯任何事，但有時比起其他事情，我們還是應該優先關照自身健康和承受壓力的能力。如果你決定結束一段友誼，試著盡可能和善和不指責，對自己或對方都是如此。每當我決定限制或結束一段友誼時，總是將其視為自己對於「如實去愛」或堅持界限的能力實在太有限。

當朋友決定與你絕交

現在，讓我們從其他觀點來檢視這種情況。當一個朋友在與你的對話中感到生氣或被觸發，並決定結束友誼，他們沒有說為什麼，即使你提問，這個朋友可能也不會告訴你，甚至朋友自己也不知道為什麼，或者他們沒有足夠的安全感向你揭露童年的創傷，如童年的性虐待或身體虐待——對倖存者來說，閉口不談是很常見的。他們一般來說相安無事，一旦被觸發，通常會進入凍結模式，有些人則會變得具有攻擊性。他們的行為令人困惑，所以你往往不能確定他們的狀況，或他們真正需要的是什麼。

這可能就是一種觸發狀況，但如果你也表現明顯的觸發反應，或試圖修復，可能會讓你的朋友感到不安或產生再度創傷。你就像露易絲一樣，可能發現自己突然被絕交——沒有任何清楚和讓人能理解的原因。這是很難堪的局面，但就是會發生。由於大多數友誼沒有「直到死我們都不分開」的約定，一般人不會像在婚姻中那樣致力於解決問題。如果你想防止與朋友突然絕交的情況發生，有一個方法是事前根據這個狀況達成一項協議，雙方都同意至少花幾個小時深入傾聽對方的觀點，否則不會貿然結束友誼。

如果你發現自己處於露易絲的狀況，可以做抱持疼惜心的自我探索練習。每次當你對沒有解釋就絕交的結局感到受傷或困惑時，都要重複做這項練習，讓你內在的見證者給予這個受傷的自己同理心，盡量不要責怪自己。請記得，我們的痛苦情緒，就像不被允許痛哭出來的那個柔弱的自己，沒有得到溫柔和同情——所以這個柔弱自己從我們的人格中分離，在潛意識陰影裡占據了一個位置。觸發反應為我們提供了管道，讓我們與那些遺失或被拒絕的自己重新連結，當這些痛苦或受傷的自己得到擁抱，就不需要不斷引起注意。就像你抱起一個飢餓哭鬧的嬰兒並餵飽他，通常他就會停止哭鬧。

與朋友修復友誼

當你被朋友觸發時，大多數人會先練習單方面暫停（參見〈如果其他人被觸發且無法暫停〉，第114-116頁）。你的暫停可以是安靜且不公開的行動，試著找到方法離開房間或讓自己走開，如去洗手間；或者你也可以單方面要求暫停，跟對方說：「我有點激動和不知所措，需要調整自己。」甚至直說，「我被觸發了，需要暫停一下。」在你再次感到平靜和安全之後，才回到朋友身邊。你也許可以提出簡短的修復聲明，例如，「很抱歉我之前不得不中斷，現在我準備好可以聽你說了。」但如果你還沒有準備好回去與朋友互動，可以在暫停時花一些時間做自我疼惜的練習，再確認一下自己的感受。

理想情況下，特別是和你信任的人在一起時，我建議你可以做完整的觸發功課五步驟，包括暫停、自我平靜、自我安慰和修復。你需要對朋友做一些解釋和討論，以便雙方都明白這項練習牽涉到什麼。另外，你的修復聲明可能要做修改或簡化，以便讓揭露的內容適合這個關係，例如，除了單純要求並感謝相互理解之外，你可能不會提起自己的核心恐懼，也不會請求安慰保證。

在某些友誼關係中，當觸發產生時，你可能只同意做暫停和自我平靜練習，其他步驟則排除在外。你可以在之後自己獨處時，再進行自我探索。反覆多次練習之後，就可以依照各個獨特的狀況，自己決定如何進行暫停—平靜—探索—修復等步驟。

最後，對於某些特別親密且重要的友誼關係，雙方可能會想進行如第七章中所提到親密伴侶間的練習。如果雙方沒有其他重要的伴侶，或兩人的友誼像婚姻一樣持久和親密，那麼應該可以很順利進行。這種情況下，當進行到修復階段時，你可以向朋友揭露自己被觸發的核心恐懼，揭露這個恐懼與童年創傷的連結，並尋求朋友的幫助或安慰以緩解這種恐懼。如果你找到一個願意和你一起做分享練習的朋友，真的非常幸運。我認為所有做這些練習的人，都在療癒分裂我們世界的恐懼，並做出了真正的貢獻。

第十章 我在團體或會議中被觸發了

在成人團體中，通常會反映我們童年時期在家庭、學校或同儕團體裡經歷過的某些互動狀態

本章將教導如何在團體之中處理自己和他人的觸發反應。團體組織提供了有力的環境，讓人得以解決社交焦慮、權威問題、順從問題和歸屬問題——即使這些都不是團體原本存在的目的。

在一個團體中被觸發的經驗，可能很令人難忘——那種難堪也很難忘，因為當時可能有很多你不太認識或不信任的人目睹了你的失控！然而這提供了一個機會，讓你處理諸如羞恥、尷尬、順從壓力、代罪羔羊、感覺被排擠、感覺被批

判、表現焦慮和感覺自己不夠好等問題。

如果我們童年受的傷害發生在功能失調的家庭環境，或中小學或高中的不良環境，那麼當我們在團體中被觸發時，影響會特別強烈（也很難處理）。在成人團體中，通常會反映我們童年時期在家庭、學校或同儕團體裡經歷過的某些互動狀態，這是因為我們童年在團體的環境中已經養成制約習慣，或「被訓練」以特定方式行事或擔任特定角色。成年之後與其他成年人組成團體，可能還是會下意識回到我們童年時在家庭、學校或玩伴團體中所扮演的相同角色。童年時在家中的角色可能是黑羊（害群之馬）、金童（寵兒）、爸爸的小公主、媽寶、家庭代罪羔羊、媽媽的小幫手、拯救者、體弱多病兒、叛逆者或親職替代者。當人處於壓力之下，自然就會回到舊有習慣。

家庭裡的角色

在你人生的第一個小團體中——家庭、教會、學校、鄰里等等，你的角色或功能是什麼？你追求眾人注目，還是迴避它？你是領導者，還是追隨者？順從，還是叛逆？給予幫助，還是接受幫助？那些童年時期的團體是由具有能力、值得信賴的成年人所領導，讓你可以在其中放鬆、單純當一個小孩嗎？還是你試著彌補成年人的失敗——也許還要扮演保護者的角色？

了解你自己傾向當哪一種團體角色很有幫助，有點像是去辨識自己的觸發特徵。例如，如果你知道自己小時候扮演過保護者／拯救者的角色，就可以特別注意自己是否在成人團體中仍然習慣這麼做，這是否是你最好、最真實的選擇。例如，我認識的一位女性，她有小心翼翼觀察自己所在的任何小團體中領導者或主辦人的習慣——看看這個領導者是否提供了一個安全的團體環境：領導者是否足夠重視保密協議？領導者是否清楚界限和期望？領導者是否能夠以十足的同情心處理許多人的脆弱情緒？以上這些可能對團隊確實有幫助，但對於這個扮演保護角色的人來說，很顯然他們可能已經處於長期半觸發的狀態，卻沒有意識到這一點，他們可能很早就學會透過成為團體中的保護者，來迴避自己的脆弱情緒。

閱讀本章時請記住這一點，看看你是否能覺察任何可能影響到你的早期團體經歷，其中也包括你童年時與權威者的關係。

與權威者的關係

我想提醒大家，每個人都是從一個微小的起點出發，仰賴大人的世界生存，這些大人就是所謂權威者——父母、祖父母、老師、神職人員、教練等等。現在回想一下，那些小時候影響過你的大人，他們公平嗎？他們是否善於應對自己的情緒？你信任他們嗎？在他們面前，你對自己有什麼感覺？他們是否給予你良好的指導？你覺得自己受到他們認可和重視嗎？他們當中是否有人利用你或虐待你？當你閱讀這一節關於領導力和權威的內容時，請將上述問題的答案放在心裡。請記住，團體和個人一樣，既有帶著意識、也有無意識的動機和行為，而一個團體遵從領導者或權威者的行為方式，往往最令人困惑和難以看清——因為大多數人都不能覺察所謂的「團體無意識」。

無論一個團體具有什麼樣的功能背景：工作團體、學習團體、社會團體、支持團體或一群陌生人，都必須有人發揮領導作用，才能使事情維持正軌，那個角色可能是指定好的團隊領導人、主辦人、老師或老闆，而在一些不那麼正式的團體中，可能是任何知道如何領導或主動領導大家的人。一旦確定了領導者（即使是非正式的領導者），這個人就會成為一個投影的銀幕，成員會把自己未滿足的童年需求、情感上的未竟事務投射到領導者身上；有些成員會把自己的權力交給這個人，而其他一些人則試圖從這個人手中奪取權力。成員可能會對領導者獎勵、懲罰或忽略什麼行為變得特別警覺，他們也可能會以不切實際的高標準要求這個人。大家對於團體領導者（包括自願的非正式領導者）的態度各有不同——取決於這個人在每個成員身上觸發的東西。也就是說，成員如何看待領導者，可能與每個成員的觸發反應有關，與領導者的技能或個性沒什麼關係。

回顧團體中的觸發事件

看看你是否能想起，自己在團體中被領導者或團體成員觸發的經歷，你能記起整個事件的細節嗎？引起觸發的原因或刺激是什麼？你被觸發後的情緒、身體感覺和恐懼故事是什麼？你有沒有外顯的反應，是其他成員都能覺察得到的？還是你的反應完全是內在的，例如默默批評領導者？盡可能想起多一點細節，然後慢慢回顧，同時注意當你在腦海中以觀察者的角度積極見證當時的場景時，浮現什麼感覺？花一點時間與這個感覺待在一起。注意那個被觸發的自我，是否會擔心你有沒有被看見或被批評？那個被觸發的自我，是否更擔心團體中其他成員或領導者的意見？在你被觸發時，有沒有責怪任何人？你是否期望領導者採取更多措施來保護你？

期待團體的領導者來保護我們（出於不被保護的恐懼），是極常見的一種觸發反應，然而這不一定是我們最初被觸發的原因。當某個核心恐懼在團體中被觸發時（如害怕被拒絕或被控制），我們就會看到觸發特徵的另一些層次浮現——對那個原本應該照顧我們的人感到辜負、背叛和失望。如果你知道這是你的觸發特徵之一，先暫停一下，承認自己被權威者辜負時會變得脆弱、易受影響，看看你是否能對那有時感到不受保護或沒有得到照顧的自己給予同理。深呼吸，為這個自己騰出空間，也許一個舊的記憶就會浮現。不用太努力回想，如果一切準備就緒，記憶自然會浮現。如果舊的記憶確實出現，而你也與它連結上了，就順應自己內在的節奏放大（近距離看這個記憶）和縮小（從遠處看）。透過這段記憶，看看是否展現了一些關於你在團體中如何感到安全感的訊息。

當你被同儕觸發

在童年時期學校的班級裡，或在有一個以上孩子的家庭中，同儕相互比較和競爭是很常見的。成年人刻意講出孩子間的對比，就不知不覺培養了他們的不安全感。很多觸發反應與不幸的童年經歷有關：你有沒有被拿來比較，或自認為被拿來跟別人比較，或想起任何關於這類的痛苦經歷？又或者父母做了某些事，讓你和兄弟姊妹或其他同輩互相競爭較量。如果這些都曾在你的家庭中發生，可能你在同儕團體中對這類互相比較的狀況就會特別敏感。請先預判自己可能會被觸發，準備好在觸發的第一個跡象出現時就暫停，並劃清界限。（參見〈在團體中暫停〉，第254-255頁）。

拿自己與他人比較及總是喜歡競爭，是常見的觸發跡象。其他還有很多讓我們在一個團體中被觸發的因素。另外，有些人可能只在某些特定類型的團體中才會被觸發——例如，在超過一定規模的大團體中，或是在某個團體裡，我們被要求在大家面前口頭分享，或是某些團體裡必須進行一些我們不擅長的任務，如公開演講等。知道哪一類事情可能會觸發你是好的，這樣就可以帶著額外的正面覺知進入這樣的團體。

如果你真的很敏銳，可能會注意到自己比較容易在團體發展週期的某個階段被觸發——可能是初期、中期或最終階段。有些人在團體的初期階段較容易焦慮，而另一些人則容易在最後階段焦慮。容易在團體初期階段被觸發的人，往往有信任、歸屬和依賴感的恐懼：我能夠信任這個團體或它的領導者嗎？我能融入嗎？我和這些人有什麼共通之處嗎？我會被接納並顯得重要，還是會被忽視或不被看見？我會受到保護嗎？

容易在團體發展中期階段被觸發的人，常常是因為擔心自己獨特的意見或本質不被接受。他們擔心是否有足夠的演說時間讓自己被聽到，他們可能會一直盯著時鐘，看看是否有一些成員比自己得到更長時間的發表機會。他們還可能會覺察到團體中其他的動態，例如，男性常發言，而女性大多沉默。這些人通常不信任權威，他們很容易被團體指定的領導者，或那些自己主動成為或自認為是領導者的成員觸發。他們害怕如果被另一個團體成員掌握控制權，自己的力量就會被削弱——認為如果成為一個追隨者，就代表自己示弱了。

容易在團體發展的最後階段（團體有明確的結束時間）被觸發的人，觸發的原因往往與害怕失去連結、被遺棄或孤獨有關。這些人通常會在團體最後一次聚會上建議大家保持聯繫，或提議在六個月後團聚。某些類型的觸發因素，例如遺棄，會導致一個人發展出凡事按計畫執行的人格模式，以便可以處理他的恐懼，我稱之為「控制模式」（control patterns，在我其他的著作中對此有更多討論）。控制模式是一種人格習慣（通常是無意識的，不是出於自己的選擇），其作用是為了避免自己被觸發的經歷。因此如果你有被遺棄的恐懼，可以試著在之後召集一些團聚，就會知道最後一次會議並非最後的告別。

在團體中暫停

有些團體的領導者可能足夠老練，會在新團體剛開始組成時，就引入暫停協議的概念，但多數領導者都不會這麼做。所以如果你有足夠的信心，可以考慮以一個成員的身分提出建議。團體中的暫停協議，類似親密伴侶或朋友關係中使用的暫停協議：只要有任何人注意到自己被觸發，就要開口說「暫停」，或提出其他表示暫停的信號。一旦暫停，每個人都要停止說話，花一、兩分鐘做自我平靜或沉澱的練習。最後團體可以根據剛才發生的過程做彙整，包括分享彼此感受，或進行自我對話——如果這是團體協議的一部分。在暫停結束後，被觸發的人如若還沒有準備好立即融入團體，就需要告知這一點，請團體其他成員繼續進行正常工作，而被觸發的成員持續練習自我平靜。

團體中，觸發反應通常會持續一段時間，而多數團體成員可能都會被觸發，且不一定能夠意識到。目睹兩個團體成員發生激烈的衝突，可能會引發整個團體成員被觸發，因為每個成員就像伴侶般「互相牽連在一起」，這個團體分擔共同的現實、擁有共同的命運，它是否能運作良好會影響到每個人。如果兩個成員（或兩個子團體）不合，會影響每個人去滿足他們各自需求的能力，而對伴侶、家庭、組織、政府，甚至整個世界等各種族群來說都是如此。在心裡記住這一點，你就可以成為所屬團體中較敏銳的觀察者和負責任的參與者。

為團體中每一個可能發生的狀況做好準備是不可能的，但這裡有一些建議，讓你知道需要暫停時該怎麼做。如果你開始感到不舒服，但還沒被觸發，可以提出「我需要幾分鐘來考慮這個問題」來放慢速度。如果你被觸發了，而且不想擾亂團隊進度，你可以說：「我需要休息一會兒，但我一定會回來。」如果你希望某人立即停下來，但他們對於觸發或暫停完全沒有概念，那麼你可能需要用比較強烈語氣，例如，「我想聽你要說的話，但我現在很生氣，需要休息一下，來讓自己平靜下來。」在所有這些例子中，發言者都很負責任地嘗試溝通，而不責怪任何人，因此這些陳述都很可能會被接受。

在團體中設下界限

在一些比較新的團體中，明確的規範和界限都尚未建立，領導者可能會提出一些基本規則來維持大家安全、誠實和負責任的溝通，但成員可能需要一段時間，才能全體一致遵循這些準則。即使有最清晰和最好的指導方針，人群仍是不可預測的，任何人都可能在任何特定時刻說出任何話。而我們可能都會被觸發，無法防止不想要的意外。

我們能做的是提前要求團體成員尊重特定界限，一個與我們的觸發或創傷有關的界限。例如，我們可以要求他人避免某些行為或語言——在沒有敲門的情況下進入，近距離大喊大叫，開有關性的玩笑，對種族或族群褻瀆誹謗。另外，我們也可以指定大家偏好的代名詞取代敏感詞彙。理想的情況下，領導者會事先請團體中的每個人針對該問題提出要求，但如果領導者沒有這麼做，我們可以中斷活動來提出請求。當你這麼做時，請確定之前已完成所有內在功課，可以接納自己的觸發反應，並了解觸發特徵。

然而，即使提出設定界限的請求，也不能保證你的界限不會受到挑戰。請做好準備，如果有人說了些會威脅到你、讓你再度創傷的話，要儘快提出來。如果你已經被觸發，就需要先暫停。通常最好自己默默暫停，而不是要求團體暫停。如果你還沒有被觸發，但知道非常可能產生觸發反應，可以和團體成員溝通，例如，「我需要在這個地方設下界限，因為我聽到關於性暴力的事會很敏感，得退出一段時間。」大多數團體會尊重這樣的請求，但也許不是每個成員想法都一致。在任何一個由不同個體組成的團體中，對於接受觸發的敏感度，並非每個人都相同。就個人而言，我非常尊重那些冒著風險提出要求的人，因為這會讓團體文化變得更好。當一個人提出他們獨特的個人需求和界限時，就是一個團體可以學習擁抱多元並回應不同需求的機會。

任務或工作團體

致力於個人成長的團體或社會服務團體，通常比較願意討論關於個人界限和情緒敏感性的問題。但在大多數的商業或社群環境中，團體規範裡通常不會鼓勵情緒性的自我揭露。處在這類團體環境中，如果你被觸發或開始有再度創傷的跡象，可能需要到洗手間去休息一下，當然在座位上獨自默默暫停也可以，除非你覺得有必要獨處。

一般來說，這項練習的目標是讓你了解和尊重自己的極限，並準備好在任何地方或每個地方都能維護你的需求和界限，即使這不符合某些特定團體的規範。當你做愈多自我接納和自我疼惜的練習後，每當你提出關於個人需求或界限的要求時，就愈能有效地讓你的發言被聽見。而你開始這樣做之後，也會給其他不那麼勇敢的人帶來啟發，向他們展現一種更好照顧自己的方式。

即使團體中的規範強調「我們不談論感覺情緒」，你也不必總是服從。例如，在我親自主辦的團體中，其中一名參與者要求得到「特殊待遇」，她說：「我覺得很不好意思，但我希望無論在聚會或休息期間，如果沒有事先問我，都請大家不要觸摸和擁抱我，或肘碰肘打招呼，因為我的身體界限曾在違背我自己的意願下被侵犯了，現在仍背負一些舊創傷……感謝你們聆聽我的要求，我很高興在這裡能夠放心說出這些。」這種情況下，這樣的要求很明顯跟童年的創傷有關，而團體成員都很樂意遵守。

在其他情況下，你需要的專屬「特殊待遇」可能與觸發因素或創傷無關，例如，要求更多上廁所的休息時間，或要求大家說話大聲一點，你才能聽得清楚。即使這些事似乎與觸發無關，但如果你不要求，之後可能會發現自己因為團體沒有滿足你的需求而被觸發。

在團體中進行自我探索練習

大多數的團體在進行活動時，通常不會因為你要處理個人的觸發反應而中斷，但重要的是你覺察到自己被觸發了（因為你很清楚自己在團體中的觸發特徵和反應模式）。一旦你覺察自己出現觸發的某些徵兆，就可以安靜地開始進行暫停練習，為你的感受保留充滿疼惜與同理的空間，並以有意識的深呼吸來支持這個空間。在團體環境中，就算你想進行自我探索，也可能無法進行太多。直到你回到家或找到一個安全且安靜的地方之前，可能都需要先擱置這個步驟。當你回到家（或找到安靜的地方）時，讓自己回到那個柔弱的部分，花一些時間觀察在之前的會議或團體中被觸發的感受，但這並不是要你刻意提高或加強這些感覺，只要允許它們浮現，並觀察這些感覺的變化、流動、擴展、收縮或被卡在某處。即使最後你不覺得事情得到解決或感到寬慰，也不要擔心，因為能像這樣和自己待在一起，本身就非常有價值。

在團體中修復

如果你在一個團體中被觸發後，與某個人產生衝突，整個團體都會受到影響。當這種情況發生時，最好的辦法是進行某種公開修復過程，而且最好彼此面對面（當面或透過視訊）進行，其次才是透過群體訊息或電子郵件來進行修復。在你完全平靜下來之後，確認自己已經克服內心的恐懼故事或任何責備的聲音，成功恢復安全感，並填好修復聲明（如第六章所示），然後根據當時的狀況，決定這場公開修復可以在同一次聚會期間進行，或等到下次團體聚會時再進行——多數人都會等下一次聚會再進行。如果是下一次聚會進行，請提前告知團體，你想將某些內容列入議程——關於上次會議中每個人目睹的觸發事件，你希望跟大家說明一下。你可以針對與你發生衝突的那個人來進行修復，或者將整個團體都當成修復的對象。但你可能不想在團體中讀出整份修復聲明，因此請修改修復聲明內容，以符合你的狀況。以下是兩個範例，讓你參考如何撰寫修復聲明。第一個範例是針對事件中與你衝突的對方所做的聲明：

「薇薇，我想為上週對你說的話道歉。後來我才意識到自己被觸發了，腦袋沒辦法清楚思考。對不起，你不應該受到這樣的對待，我希望收回我的話。」

第二個範例是針對整個團體的修復聲明：

「我想跟大家說明一下，上週我為什麼對新的假期排班表感到憤怒。事後想想，我發現自己被觸發了，一直以來當某些事情看起來不公平時，我都會被觸發，很抱歉我有這種反應。如果能重新來過，我會告訴你們，我對這個計畫感到抗拒，希望在投票前，有一、兩天的時間可以再考慮一下。」

你會注意到，這些範例都沒有請求安慰保證。相反地，我建議使用這類句子，「如果能重新來過……」或「我希望能收回」。因為我認為，只有當你和對方事先都同意藉由你們的關係做為一種療癒和成長的途徑時，要求安慰保證才是合適的，但大多數團體沒有這種事先協議——至少大多數工作性質的團體都沒有。

然而，無論你屬於哪一種團體，一旦了解觸發反應，並學習所有觸發功課所需的工具，我建議你主動將這些練習介紹給生活周遭的其他人，因為這個世界需要更多懂得自我調節、自我支持、自我負責的人。當你帶頭做起時，別人往往會很珍惜。

第十一章　我所領導的團體裡有人被觸發了

他人可能在你領導的團體中被觸發，你準備如何有技巧地解決這個問題？

如果你領導或主辦任何商務會議、個人成長團體、社區或教會團體，或者在學習機關或學校團體中教書，你會希望人們在你的團體中有足夠的安全感，去獲得最好的資源和關注。當有人感到不夠安全時，這個團隊就無法充分發揮潛力，如果其中一人被明顯觸發，更會影響整個團體，在這個人重新獲得安全感或平靜之前，整個團體都會感到有些事情不對勁。意識到這些狀況是你的責任。

你可能已經知道，這個世界到處充斥著情緒沒有安全感的人——無論他們是否處在被觸發狀態，其中一些人就是會出現在你的團體中。對於這些人來說，在一個團體中通常更容易讓他們被觸發。就像我在演講時經常坦白告訴聽眾，幾乎每個人在進入一個團體——尤其是一個新的團體時，都要經歷社交焦慮激增的煎熬。我甫說完這句話，多數聽眾都點頭表示同意，好像我就是在說他們自己。你認為這也符合你的情況嗎？如果是，你可以把它當作一種資產，你可能更容易發現團體情緒的微妙變化，因為你的神經系統更擅長注意這種事情。如果你沒有這種狀況，只要知道在團體中該注意些什麼就不成問題。而這些該注意的事，就是本章的內容。

重視任務的團體與重視過程的團體

如今，即使在工作或社區團體中，多數人都聽過「觸發」或「被按下按鈕」的概念。早在一九八〇年代初，我就開始談論和書寫這個議題，當時這個概念還很新，從那之後這個議題得到了更多關注。現在，即使在工作團體中，團體領導人引入本章中的一些工具，也不是什麼稀奇的事了。這些關於領導力的練習，大多對工作和個人成長團體都很有用，只是需要稍微調整以符合你面臨的特定狀況。

在某些個人成長團體中，領導者通常一開始就會讓大家認識自己的觸發反應，並設定處理觸發反應的基本準則，為團體建立框架（參見〈領導力的練習和介入〉，第278-286頁）。這在工作團體中不常見，但只要你能熟練處理自己的觸發反應，就會發現在商務會議中，有時大膽引用一些練習會很有幫助——例如，團體暫停的概念，或集會後做簡單的彙整釋疑、進行修復之類的想法。你自己做這些練習的次數愈多，就愈能因應團隊的需求和文化，隨時準備好調整這些工具。

領導者的準備工作

他人可能在你領導的團體中被觸發，你準備如何有技巧地解決這個問題？如果你已經處理過自己的觸發反應，並完成觸發反應功課的五個步驟，這將是一個很好的開始：你能夠接納觸發反應發生，你知道自己獨特的觸發特徵，你經常練習暫停、自我調節和抱持疼惜心自我探索，你可以根據需要運用簡單的修復聲明進行修復，不會利用修復做為捍衛自己立場、讓別人聽你話或解釋你善意的時間。透過以上所有練習，你體現了對觸發反應接納、開放和寬容的態度，這種態度也會巧妙傳達給整個團體成員，你睿智的觀點將影響整個團體文化。反之，如果你一方面試著傳授這些東西給別人，另一方面卻認為被觸發是領導者需要隱藏的東西，整個團隊都會感染這種態度，可能會讓成員也試圖否認或掩蓋他們的觸發反應。一旦這麼做，高階大腦功能就會處於離線狀態，造成他們的溝通、解決問題和合作能力都大打折扣。

對於領導者來說，最重要的是他們對自己被觸發的敏感性如何——因為如果他們已被觸發，卻繼續下意識地在觸發狀態下做出反應，團體成員將很快對領導者失去信任。雖然這並不表示領導者無法透過有技巧的修復，來重新獲得團隊信任，但你的目標應該是及早發覺，避免讓觸發反應演變成太糟糕的狀況。

練習：做為領導者如何識別觸發徵兆

有一個練習可以幫助你，身為領導者如何識別觸發徵兆：

回想你擔任團體領導者角色時，被某個成員的行為觸發了，對方做了什麼？你有什麼感覺和情緒？你的內在反應故事是什麼？你覺得那個行為的意義是什麼？你的觸發反應是什麼？

當你進入心中故事和與故事相關的恐懼時，是否認出一個熟悉的主題？有沒有什麼讓你想起生命中的早期經歷，或童年在群體中的痛苦經驗？

當發現童年的自己（或痛苦、敏感的自己）曾經歷過這些時，你有什麼感覺？

想要成為一個善於覺察觸發問題的領導者，最好的方法就是一遍又一遍做這項練習。一旦自己熟練這些技巧，就能夠以不會破壞團隊的方式，處理自己做為領導者被觸發的問題，這也是我們的目標。在到達目標之前，如果你做為領導者在團體中被觸發時，可以選擇主動要求暫停，並請每個人和你一起安靜暫停，觀照自己呼吸和身體感覺。暫停結束後，如果你領導的是個人成長團體，可以邀請成員分享他們剛剛在被要求暫停時，或在暫停期間有什麼感覺，他們覺得暫停有幫助嗎？他們是否能夠利用這段時間進行自我調整？有沒有任何恐懼故事、想法或記憶浮現？如果是在工作會議中，你可以主導這類分享，或只是輕輕帶過說：「好，我剛剛只是需要稍微平衡一下，現在我們準備好回到議程上了嗎？」關於在不同背景、抱持不同期待的團體中，包括觸發時的暫停方式等更多相關訊息，請參閱〈領導力練習與介入〉一節。

團體中常見的觸發反應

正如我之前指出的，處在一個團體中，許多成員的安全感常常會受到挑戰。首先，要從一群人而不是一個人那裡要求得到你想要的，本就比較困難。更進一步來說，團體中有些人有面對權威的議題，有些人則本能地愛與領導者或其他成員競爭；有些人會花很多心力在外表、智力、地位或個人權力等方面，與他人比較；有些人格類型的核心恐懼是被看見或不被看見的問題，有些核心恐懼是自主或順從的問題，有些則是關於連結或孤立。以下是團體成員最常見的觸發議題和事件列舉，以及針對領導者可以採取什麼行動的建議。請記住，領導者能做的任何事，也可以由一個勇敢的團體成員來完成。

批評

舉例來說，假設成員A對成員B用批評、指責或批判性語言說話，成員B的「害怕被指責」或「害怕被批評」按鈕被按下了，做為領導者，你促進團體和諧的方法是，當一個成員批判或評斷另一個成員時，留心觀察任何觸發的跡象，然後做以下一項或多項練習：要求團體暫停、做「輪流分享」（rounds，一種團體意識練習，每個人說一個詞來描述他們目前的感覺狀態。參見〈其他有用的工具〉一節，第284-287頁），然後對成員B分享你的關心、同理心及其他感受，並且／或分享你對成員A的關心、同理或其他感受。

解釋

當成員A提及成員B說過的話，且加上對成員B來說並不真實的解釋或假設時，可能會引起觸發反應，成員B的「害怕被誤解」或「害怕不被看見」按鈕被按下了。做為領導者，你促進團體和諧的方法是，當一個成員解釋另一成員說過的話時，留心觀察任何觸發的跡象，然後做以下一項或多項練習：要求團體暫停，對成員B分享你的關心、同理心及其他感受，並且／或分享你對成員A的關心、同理或其他感受。

石沉大海

成員A提供了自己認為有用的評論或想法，團體中卻沒有人對這個提議有所回應，於是A的意見感覺像「撲通」一聲石沉大海，這按下了他「害怕不被看見」或「害怕我的聲音無關緊要」的按鈕。如果發生這種情況，領導者可以問成員A有什麼感受，並和成員A分享自己注意到的事和想到了什麼——例如，對A

說：「在你說出你想要從團體中獲得什麼之後，我注意到一陣沉默，我想你可能感覺到了什麼？」並且／或分享自己對成員A的關心、同理或其他感覺。

時間不夠

在每個人都被要求分享或思考一個想法的團體中，並不是每個人都能在集會即將結束前發言，可能某位成員會想，時間不多了，輪到我的時間將非常短暫，甚至輪不到我，他可能會按下「害怕自己並不重要」或「害怕被排除在外」的按鈕。做為領導者要隨時注意時間，隨著時間愈來愈短，請向大家提醒這一點，並詢問是否有人對時間不夠這件事隱藏了任何感覺。

建議

領導者經常會向團體中的個別成員提出評論、建議或指導要點，但如果有人對批評特別敏感，並對領導者是否真的可靠保持戒心，那麼這個人可能會在內心上演反應故事：認為領導者是嚴厲、具批判性或不夠敏感的人，造成他被觸發。

順帶一提，成為團體成員核心恐懼的投射對象，是領導者工作的職業風險，如果你因此被觸發，就要花一段時間處理這個觸發反應，代表你需要坦承自己被觸發了，並啟動團體暫停時間，在必要時進行修復。

此外，其他成員可能會因為領導者向某人提出建議而被觸發。有時與領導者交談的人不會被觸發，反而是其他成員被觸發，這種情形就好像有些人一直在觀察領導者，看他們是否足夠可靠。一個單純的指點，可能會被某個成員當作批評、貶低或認為指導者擺出優越姿態。

做為領導者，在提供建議或指引後，要特別注意是否有細微的觸發反應跡象，但也請記住：你無法避免按下某些人的按鈕。如果你發現你的行為觸發了某人，請承認自己的不熟練，並對這些行為負責。你也許可以告訴團隊，「如果能重來一次，我會……」

表現焦慮

假設成員A受邀發言（或者輪到他們發言），但無法有條理地說出意見，表示他們可能出現凍結反應。雖然說話了，但沒有意義。這個成員是因為自己被當成焦點，或不得不在別人面前表現而被觸發。許多人在兩、三人以上的團體中交談時，會出現嚴重的表現焦慮，這可能是一種源於童年在學校或其他群體中的觸發反應，經歷過被要求做對（或未能做對）的壓力。

做為領導者，請注意自己是否對這個狀況感到任何不耐或沮喪，並給自己快速的自我安撫。然後可以對團體述說自己的例子，分享你在團體中也出現過舌頭打結或表現焦慮的經歷，還可以提議團體暫停一下，進行自我平靜。之後如果成員A願意，你可以邀請他重新再發言一次，或者你可以詢問成員A是否想要聽聽其他人的回饋，看別人對於他剛剛的表現產生了什麼影響。但除非A想要回饋，否則不要讓其他人向他提出意見。

團體或個人身分

有時，團體中的某人在提到他人的性別、種族、性取向或族群歸屬時，可能會使用某些標籤或字詞，而團體中的一個或多個其他成員，可能認為這不夠敏感或不恰當，因內心的恐懼故事——發言的人不安全、不懂尊重或不恰當而被觸發。做為領導者，當成員用了一些可能讓其他人不安或冒犯的標籤或詞語時，無論那是不是一般認為適當的詞彙，你都要特別注意是否有觸發跡象。如果你發現有人被觸發，可以要求團體暫停，做「輪流分享」，然後分享自己的關心與同理心，或對感到生氣的人分享你的感受，並且／或對發言者分享你的關心、同理或其他感受。

羞恥

倘若領導者公開對某個成員表達憤怒或設定界限，或領導者只是單純糾正或向這位成員提供建議，卻可能引發成員產生「被公開羞辱」的恐懼。也許這個成員有與羞恥相關的創傷史，因而產生崩潰或解離反應，做為領導者在這種情況下，要特別注意觸發反應跡象。當你說的話觸發了某人時，請承認自己的不熟練，並為自身行為負責。你也許可以告訴團體，「如果能再來一次，我會……」另外，你可能還會想道歉，並坦言你自己被觸發了（如果這是事實）。

衝突

兩個成員或任何數量成員間的衝突，都可能讓那些在有很多爭吵、成癮、精神疾病或生活方式不穩定家庭中長大的成員，產生觸發反應或再度創傷。對這些成員來說，未解決的衝突狀態可能會引發他們害怕衝突或混亂的恐懼。

做為領導者，每當團隊發生衝突時，都要特別注意觸發反應的跡象。你可以請全體暫停，並對大家說明，「有時在一個團體裡，成員產生衝突時，不僅僅是對當事者，可能每個人都會感到不安。我建議大家花點時間與自己建立連結，一起安撫自己的神經系統。現在大家一起閉上眼睛，慢慢做四到五次深呼吸，好嗎？」在暫停結束之後，你可以邀請成員分享他們對衝突的反應，衝突讓他們產生了什麼感覺？並且／或者他們現在身體裡有什麼感受？這也許是進行「輪流分享」的好時機。

潰堤

當團體成員向某個人提供回饋時，這個人可能會不知所措、無法劃定界限，並要求別人讓他安靜一下。其他成員可能會注意到這一點，但覺得自己沒有能力說出來，這時若領導者沒有意識到，而其他人卻注意到了，那麼某些團體成員可能會認為領導者失職。

你做為領導者，要特別注意團體成員是否有不堪重負和潰堤的狀況。如果你意識到自己沒有解決這個問題，請先進行抱持疼惜心的自我探索練習。在探索的過程中，如果發現自己有任何敏感、恐懼和盲點，請為這個部分負責，公開表示你願意對任何不熟練的行為負起責任、道歉或向團體發表公開聲明，「如果能重來一遍，我會……」記下你在這段痛苦經歷中學到了什麼，並感謝自己願意對成員的回饋，懷抱敞開與持續學習的態度。

說明其他的觸發反應

除了上述列舉之外，團體成員也許還有或表現出許多其他的觸發狀況。團體成員各自都帶著他們過去的幽靈，與從前的自己有情感上的未竟事務。不只領導者本身，整個團體都可能成為投射的對象。

然而，我們不可能預測每一種潛在狀況，只要對觸發反應保持警惕，當你覺得不太對勁時要求團體暫停，並敞開心胸聽取團體成員的意見和建議。為了團體能健康發展，一個群體需要有能力一起學習和成長，領導者不必知道所有答案，因為領導者的工作是促進團隊發展和學習、促進合作以實現共同目標，並幫助成員找到能發揮自己獨特天賦和資源，以達成這些目標的方法。有時大家一起經歷充滿挑戰的狀況，領導者採取一種自己也還不知道的姿態，保持開放，與大家一起或向他人學習，最能實現團體的目標。

如果你判斷錯誤，重要的是要立即承認並進行公開修復。當領導者敞開心扉承認錯誤時，人們往往會非常寬容——只要你這麼做的同時不為自己辯護，不讓防禦心抹去了原本真誠的道歉。先向那些被你行為傷害的人道歉，然後等觸發反應平靜下來（尤其是自己的觸發反應），問問大家是否願意聽你對整個情況的解釋或看法。不要期待答案一定是肯定的，仔細觀察每個人的回應，如果別人還沒準備好打開心扉傾聽你的故事，請不要繼續，稍後再提起此事。

領導力的練習和介入

本節將介紹一些有用的團體領導力練習，以幫助減少、管理和有技巧的處理團體中的觸發反應。

團體背景：目的、基本規則和領導者的角色

當一個團體剛成立，或者你做為新領導者加入現有團體時，分享你對成立這個團體的目的有什麼想法、大家互相溝通的基本規則及你對自己這個領導者角色的看法，然後分享一些關於促進團體健康和安全的價值觀，以及你對帶領大家的

期望。在個人成長團體的背景下，你期待實踐的價值觀可能包括尊重差異、開放傾聽、誠實、冒險、平等參與及對自己觸發反應的負責等。在工作團隊中，你可能會強調對學習和回饋保持開放態度，願意尋求幫助、分享資訊和採取主動等價值觀。

請解釋你如何看待自己的角色和領導風格，你偏向給團體指令，還是自由放任？如果成員間發生問題，他們應該去找你，還是你希望成員自行解決？你會主動找大家談話，並確定每個人的聲音都被聽到，還是讓每個人自己決定是否來找你？如果你扮演領導者／發起人和團體成員的雙重角色，當你做為一個成員發言，而不是老闆、領導者、老師、培訓師或專家角色時，如何讓每個人都知道？例如，一些輔導員／教師會換不同帽子做為識別，而有些人在擔任老師角色時會佩戴珠鍊。

在我帶領的個人成長團體中，我會讓成員知道，我做為老師的角色有時會介入他們，幫助他們留意自己陳述的訊息背後的感受或任何假設，或幫助他們覺察自己的觸發跡象或無意識的溝通習慣。我需要事先得到他們的同意，以便我打斷他們時，不會有人感到震驚或受到侮辱。儘管如此，有些人仍然會因為被打斷而被觸發。但在我的團體中，這反而是學習的機會。在我介入之後，自己也會觀察觸發的跡象。

有些團體一開始就會讓全體成員同意遵守共同制定的溝通準則，其中可能包括以下內容：不介入、發言要以「我」做為主詞、將分享時間限制在一分鐘內，並接受成員有時可能會被觸發或感到無法承受的事實。

無論你是否有這類指導方針，最好還是要承認觸發隨時可能會發生，並讓成員對發生觸發狀況時該怎麼做達成共識。開始討論前，你可以提醒大家，事情有時會進展得非常快，導致一些成員感到被排除在外或被拋在後面。或者在激烈爭論中，有些人可能會說一些不尊重或侮辱性的話，這類事情都可能會引發觸發反應——無論是隱性或外顯的反應。然後介紹團體暫停的概念：如果任何人感到壓力或被觸發，或認為其他人可能被觸發了——無論看起來是否明顯，他們都可以說「暫停」、「休息」或其他容易記得的信號，有些團體採用非語言的舉手信號、鈴鐺或鐘聲。每當有人發出這個信號，所有人都應該停止說話，並將注意力轉移到自己的身體感覺和呼吸上，讓自己更放鬆、沉澱和回到當下。如果你願意，可以解釋一下每個人自我調節的能力，對於團體共同努力的目標是必要的。無論這個「共同努力」是一個計畫層面的問題，還是親密關係遊戲。最後還要補充一點，在團體中如果一個成員被觸發，其他成員都會感覺得到，而他們可能也會被觸發，或至少會分心。意識到觸發和學會暫停，是為了讓所有成員都能專注於當下的任務，因為一旦發生未被覺察的觸發反應，溝通就變得不可靠。

當我帶領「誠實沙龍」（Honesty Salons）——著重自我覺知的溝通工作坊時，我用的方法是給團體中每個人一個四英寸的圓形玩具按鈕。我告訴他們「我們都有按鈕，而我們的按鈕都可能被按下」。我這麼做的目標是幫助人用更輕鬆、溫柔、自我同理和幽默的態度接受會被觸發的事實。然後我解釋，「如果你在團體中被按下按鈕或被觸發，請舉起你的玩具按鈕，這樣每個人都可以看到。然後，全體會短暫地暫停一下，做四到五次緩慢的深呼吸。暫停期間，我們每個人都應該注意自己是否也被觸發或需要暫停。」任何物品，像是筆，也可以當作暫停信號。

如何讓團體暫停

處理觸發反應的方法有很多，取決於團體的性質、你採取的領導模式、團隊宗旨及這個團體所處的發展階段，但如果你已經與團體達成了明確的暫停協議，那麼處理觸發的功課將更加容易。以下是兩種常見的情況及相應的處理方式：第一種是有人被觸發並要求暫停時，第二種是有人被觸發但什麼也沒說時。

如果一個成員被觸發並要求「暫停」，請讓所有人都安靜下來，做四到十次呼吸。在沉默之後，邀請每一位成員分享自己的感受，但注意分享的內容是針對團體，而不是針對提出「暫停」的人，也不是為了討論剛剛發生了什麼，只是快速瀏覽每位成員當下的狀態，類似進行輪流分享的過程（請參閱下一節〈其他有用的工具〉）。

然後問要求「暫停」的人是否還需要什麼，或者他希望團體繼續前進，讓自己做一些內在探索或自我安慰的練習。一般來說，做為團體領導者，我通常不會幫助這個人處理他們在團體中的觸發反應，除非這個團體明確屬於個人成長工作坊，而幫助處理觸發反應是合約的一部分。當我選擇幫助這個人時，會引導進行抱持疼惜心的自我探索練習，也會請團體中的其他人默默做自己的內在探索。然而，無論你是否決定花整個團體的時間，幫助被觸發的個人變得冷靜和腦袋清晰，在某一刻，你還是需要把團體的注意力從這個人身上移開。請選擇一個適當的時機，詢問每個人是否都準備好繼續前進。如果他們準備好了，告訴那些還想要分享的人可以之後再分享，然後在聚會結束提供一些時間，與那些想要分享的人進行釋疑、做個總結、調整或修復。請依照你的目標和團體的特質，選擇適當的方式。

第二種常見的狀況，是成員一旦被觸發就封閉自己或進入凍結模式，因此沒有人會要求暫停。當你注意到某人被觸發時，說些什麼來告訴他們這是很正常且可以被接受的。例如，你可以說「我們可以理解可能有些人聽到這個會被觸發」，或者「我相信在這個房間裡產生了一些觸發反應」，然後要求團體暫停，也許可以指引大家做簡短的自我平靜或自我同理練習——因應你的團體需求和規範，來調整適當的作法。在暫停結束之後，如上所述，使用適合狀況的任何工具，邀請所有團員來分享。

其他有用的工具

以下是一些有用的團體工具，這些工具可以增加每個人回到當下、保持真實或自我意識的能力。當成員帶著覺知回到當下，團體將會經歷更少的挫折感和更少的觸發事件。

「我覺得／句點」卡：這是我在「誠實沙龍」中使用的一種工具，發給每個人一張8.5×11英寸的卡片，卡片一面寫「我覺得……」，另一面寫「句點」二字。「我覺得……」的使用方式是當一個人正在發言，團體中的其他人認為發言者可能已經離開了他當下的感受體驗，開始訴諸推理、用頭腦概括或不斷重述一個熟悉的故事時，就可以使用卡片的這一面，聽眾可以舉起「我覺得……」卡片，讓說話的人看到，這會讓發言者在繼續說下去之前確認自己是否覺察情緒和身體感覺。偶爾，發言者在看到「我覺得……」信號時會被觸發，但在我的團體中，觸發是探索的機會，而不是需要避免的事。

如果聽眾認為發言者開始進入重複或過度解釋的無意識模式，則使用卡片上寫著「句點」的一面，聽眾舉起「句點」卡片，讓說話者暫時停止，並留意是否已經充分表達了自己的觀點、是否感到完整、是否對結束發言感到焦慮等等。我認為許多成員傾向於不停地談論，因為他們對自己如何被聽眾接受感到焦慮，擔心自己講不清楚，或有人會與他們爭論，所以一直不停地說，試圖找到更清晰或無爭議的方式來表達他們的意思。我的團體成員告訴我，使用「句點」卡片幫助他們在參與的其他團體中更能自我覺察。當他們注意到自己偏向過度解釋時，經常發現自己會默默對自己說「句點」，而且通常抱著自我接受和幽默的態度。

輪流分享：如果你的團體卡住了，或你不確定成員是否在壓抑自己難過的感覺、異常的作為，甚至觸發反應，那就做輪流分享——邀請每個成員在團體裡用一個詞描述他們的感受。如果是在大型團體視訊會議中，你可以使用聊天室功能，讓參與者在聊天室中寫一個單詞，這是一種快速掌握團隊脈動的方法，還可以為整個團體提供一張團體情緒快照，而大家展示的內容常常會讓領導者感到驚訝。做為領導者，你可能會認為成員很安靜，但那是因為他們沒有安全感。在輪流分享之後，根據每個人在團體裡感到的安全感不同，你會發現成員間的體驗各式各樣非常不同。根據我的經驗，領導者並不總是能評估團隊的情緒，除非你詢問大家，否則無法發現成員的感覺和意見，往往比呈現出來的還要更多。

類別遊戲：在個人成長團體或一些訓練團體中，你可以透過類別遊戲引導成員來診斷自己背負情緒痛苦的程度，這項活動同時也可以讓每個人，將自己的感受和生活經歷與團體中其他人做比較。

遊戲很簡單，先讓所有人圍成一圈，然後將經歷分成幾個不同類別——例如，「曾經在四人以上團體中感到社交焦慮的人」或「在單親家庭中長大的人」等。任何與該類別相關或屬於該類別的人都走進圓圈的中心（在視訊會議中，可以讓人舉手或使用舉手功能）。一旦有成員走進圓心，在這裡暫停一下，讓每個人都注意到誰與自己同類、誰不屬於自己的類別，並覺察自己的感受。然後讓中間的人回到外圈，領導者再宣布下一個類別。在這個遊戲中，選擇你認為最可能讓每個人被觸發的主題或問題，例如，你可以選擇「害怕被忽視的人」、「害怕被誤解的人」、「害怕被控制的人」等類別名稱。在某個時點，你可以邀請成員提出自己想要的類別名稱，但這個類別必須是提出者自己所屬的類別。這項練習可以讓人非常快速進入較深層次的分享——但有時仍取決於類別。這個活動也可以讓你對成員揭示自己的脆弱到底準備得如何有個大致的印象。

領導者的技能、情感成熟度和經驗

在這方面，領導者總是不斷學習，並且做得比較好，畢竟經驗很重要。但無論你多麼有經驗，有時仍會發生一些狀況，需要比你更高的技能水準才能解決。當觸發事件被忽視、沒有得到處理，可能會讓整個團體產生奇怪的相互影響——黑箱議程、暗地競爭或削弱彼此、不尋常的投射、代罪羔羊、退縮或沉默等等。如果一個團體一次又一次忽視、不處理觸發事件，可能會釀成退步和混亂。

成員本能地可以知道一個團體何時以健康的方式運作，如果事實不如預期，某些成員會對團體表現出下意識的恐懼——有時會導致全體共同的抽離現實或混亂感。如果你領導的團體正在以這種方式衰退，這就是一個信號，提醒你要退後一步，邀請成員與你一起成為團體的觀察員。你可以使用你的權力讓團體專注於此時此地正在發生的事，建議大家暫停，和你一起退後一步，採取團體觀察者的姿態，向大家宣布你注意到的狀況，並詢問其他人是否同意你的看法。一旦確定同意，就要做出明確的領導聲明，例如，「在我們解決這個問題之前，不能繼續進行我們原本的任務，我需要大家的意見。請大家一起想想：現在這裡發生了什麼？大家感到安全嗎？你認為每一個人都覺得自己被重視了嗎？是否有任何未解決的問題、未修復的觸發反應或過去的衝突，可能會造成我們彼此不信任？有沒有什麼你們注意到或感覺到的事，在這裡可能對我們有幫助？」

雖然在這之後，幾經討論可能也無法解決難題，但無論如何仍值得這樣的嘗試。即使你的努力失敗了，團體仍持續混亂，但這個嘗試也是你和團隊學習到的一部分。如果你想進一步提高你的學習能力，試著從比你更有經驗的人那裡得到一些指導。治療師在需要時會請教督導，而團隊領導者也需要一個督導。

團體釋疑、調整和修復

有幾種方法可以讓發生觸發反應的團體做收尾工作，而這些方法可能還需要融入其他結束儀式或練習，也就是與該團體結束時正常會做的事結合。有一個不錯的方法可以評估團體當下的心理狀態，那就是進行輪流分享；而另一個方法是針對觸發事件詢問一些具體問題，例如下列問題，可以讓成員舉手回覆：

- 有多少人仍然對＿＿＿＿＿（填入相關成員的名字）之間的互動感到有些震驚？
- 有多少人覺得有必要在今天的聚會上花點時間做釋疑和彙整？
- 有多少人覺得之後需要找個人聊聊這個團體中發生的事？
- 今天在團體中有多少人被觸發了？在這些人當中，有多少人仍然帶著某種激動或焦慮的感覺？

如果團體中有兩個成員因為被觸發而發生了衝突，且每個人都目睹了這一幕，你可以引導那兩人填寫一份修復聲明（見第六章），根據你的目的或情況調整內容，也許可以簡化成只有幾句話，例如：

當我（看到、聽到、做、說）＿＿＿＿時，我產生（或被）觸發了。如果能重來一次，我會告訴你，我對＿＿＿＿的恐懼被觸發了，我需要你的幫助來得到＿＿＿＿感受。

然後邀請主角在團體面前大聲朗讀他們填寫好的聲明稿，做為領導者，你可能需要幫助他們找到合適的詞彙描述他們的經歷，而且可能需要你的幫助，他們才能忠於稿子內容進行朗讀，因為不熟悉修復語句的人，可能會恢復到舊有的溝通習慣，例如，試圖解釋、為自己辯護或告訴對方該做什麼。如果發生這種情況，你就需要打斷他們——也可以用提醒的。每個人都要用不複雜、以「我」開頭、示弱的語句來避免再度觸發其他人。

在這之後，可以請其他部分或所有被觸發的成員閱讀他們填寫的聲明稿，將第二句話修改為「如果能重來一遍，我會向自己承認，我對＿＿＿＿的恐懼被觸發了，我需要感覺到＿＿＿＿＿＿＿＿」。最後鼓勵一些人，感謝他們針對剛才見證的某些具體事項與他人分享。

其他衝突狀況下的修復和結束

做為領導者，如果你和團體成員發生衝突，可以藉由相同的過程進行修復和結束：雙方都填寫一個簡短的修復聲明，然後在團體見證下相互閱讀聲明稿。

如果觸發事件是由一名成員在團體裡按下很多人的按鈕引起，則需要非常小心的處理，以防止群起攻擊或代罪羔羊的狀況發生。這種狀態下，我建議讓每個人都填寫一個調整後的修復聲明，重點是讓自己認知到自己的觸發反應和起因。舉個例子，「當我聽到你說『現在不行』時，我被觸發了，這可能是我對被拒絕的恐懼升起了，我需要感到受重視和欣賞。」最後結束時，一起承認這個團體共同經歷了非常艱難的過程，並強調現在的任務，是讓每個人想想自己所學到的東西，以便將來更能隨機應變且更有彈性。

某些團體事件會殘留一些沒人注意到，或只得到部分人關注的傷害和恐懼，不是每次都能完美結束。如果你認為某些成員在離開團體時感到沮喪，請考慮之後與他們聯繫，以提供私人對話機會。選擇你認為受傷害最大的人，或那些不習慣自我調節的成員。

我的個人哲學是「我們到死都有未竟事務」。並非所有問題都能以讓各方滿意的方式解決，生命可能一團混亂，動機也總是錯綜複雜。在任何情況下，我都只是一個人，無法阻止每一個不幸的結果，也無法讓每個人都高興。我的工作是在生命呈現的每種情況中盡我所能，有時候，我達不到別人對我的期望，但如果問我生命中是什麼樣的經歷讓我得出這些結論，我會說那就是我領導團隊的經驗！

群體是一個縮影

在結束這一章前，我想再次強調，幫助你的團體成員學會陪伴自己情感上的痛苦，以及人際關係中不適的重要性。在我看來，人類集體發展的任務是為了更能看清和處理那些難以忽視的真相（從功能失調的婚姻到氣候危機都是），這樣我們才可以做出必要的改變，並繼續發展。如果我們要繼續共同做出改變和決定，就需要有能力和那些與自己截然不同的人進行彼此尊重的溝通。因此，我們需要將高階大腦的所有資源都開啟，因為差異容易讓人按下觸發的按鈕，自動轉換成低階的爬蟲腦來操控。我們很容易陷入觸發反應的模式，例如，責備別人，或將我們不想承認的自我投射到「他人」身上。要深入探究我們的觸發反應和情感上的未竟事務、擁抱我們被拒絕或拋棄的部分，並不容易。

在他人陪伴下進行內在功課，是一個圓滿化的過程，我稱之為「創造圓滿」（whole-making）——透過發現或重新連結我們被拒絕的部分，讓自己變得更完整。當我們把這項功課當作終身修行時，就會了解並能夠體現這個創造圓滿的過程。這會讓我們產生另一種視野，不再試圖在「問題本身」這個層面（也就是從問題產生的意識層面）解決問題，我們的觀點和感知的範圍將不再受到避免情緒不適或麻煩狹隘、自私的限制。做為圓滿完整的促進者，我們鼓勵團隊成員迎向各種無法忽視的真相和痛苦的挑戰，視之為機會，來幫助我們成為更完整和更完善的人類。這些個人學習如果可以公開分享，將有助於每個人學習和促進群體療癒。當我們體驗到自己是這個創造圓滿過程中的參與者時，就會意識到內在功課的不可分割性（重拾那些我們被忽視的部分）和世界的不可分割性（創造一個為每個人、每個生命形式服務的世界）。

第十二章 我被世界局勢觸發了

讓我們能夠應對當今世界複雜局勢的真正力量和智慧，必須要系統中所有部分都完整投入，包括脆弱的部分。

我們的世界正在遭受眾多相互交織的危機，包括明顯可以意識到的氣候危機、失業危機、文化戰爭、心理健康危機、鴉片類藥物危機、無家者危機、難民危機、饑荒危機和自殺危機，其他還包括巨大的貧富差距、戰爭或面臨開戰威脅、種族主義、氣候難民，以及許多國家的法西斯主義興起。在美國，我們看到政黨之間的兩極分化日益加劇，這些政黨在公民權利、公共衛生、醫療保健、節育、種族和性別平等、企業權力、食品安全、環境保護、教育和貧困等方面採取截然不同的政策。光是寫到這一段，即使我已經試著盡量用客觀的語言來描述，仍然能感覺自己的神經系統激動起來。我們集體浸在這個大鍋湯中，已經快達到沸點，每個人都受到影響——當然，有些人比其他人受到的影響更多。

你看新聞報導或打開電視新聞節目時，有多常感到憤怒、沮喪、無助、不知所措、生氣、恐慌、抑鬱或恐懼？隨著一連串看似無法解決的問題逐漸增加，愈來愈多人感到壓力過大。二〇二〇年《華盛頓郵報》（*Washington Post*）報導：三分之一的美國人有經常性或慢性焦慮或抑鬱。同年，《富比士》雜誌（*Forbes*）刊登一封來自洛杉磯急診醫學專家的信，信中說：「自殺熱線電話增加了六〇〇%。」我們承受壓力愈大，就愈容易被觸發，同時也愈容易被特殊利益集團操縱。他們試圖劫持我們的杏仁核或利用我們失調的狀態來推動他們的計畫。如果我們想在這個混亂的世界中保持平和感和內在自主性，就需要良好的自我調節習慣。

心理學家和許多社會運動者發現，「採取有效的行動」是紓解焦慮和抑鬱的最佳解藥，但是當一個人被觸發時，他們如何能有效採取行動？當我們被觸發時，我們與高階大腦解決問題的能力脫節，根本無法清晰思考。

如果我們想成為解決問題的一員，而不是將個人的問題投射到集體意識上，我們需要學習如何將自己的觸發反應與實際發生的事情分開。一旦熟練了這個技巧，就可以運用個人的感受來激發出真誠的憤慨、有效的行動或崇敬的悲傷，這就是本章的內容——如何運用我們的情緒敏感性做為燃料，對任何世界問題做出有效和真誠的反應，同時擁有調節良好的神經系統，將我們的觸發反應行為、內心編造的故事與實際需要改變的東西區分開。為了造福整個世界，或只是為了從虛構中釐清事實，我們都需要對自己的內在狀態擁有自主權。

以世界做為認識自己的入口

在我的工作中，常常花很多時間聽人們的恐懼和觸發反應。其中一位我做為心理教練時的客戶麗塔，向我敘述當她讀到有關美國政治兩極分化的報導時如何被觸發，而當她聽到新聞主播、鄰居和親戚對政治對立面的人使用貶低的標籤時，也會產生觸發反應。

麗塔和我一起探索她的反應性情緒時，她的感受連結到童年時期在學校與同儕之間的經歷，當時她才十或十一歲左右，做為墨西哥裔美國人，她是學校中少數族群的一員，而這個年紀的孩子在尋找正確使用自己個人力量的成長過程中，有時會很殘忍。麗塔就是因自己墨西哥裔的身分而被同學嘲笑和貶低，當她回憶起童年的一些場景時，最讓她受傷的是辱罵和針對種族的誹謗。她在我的陪伴下練習內在功課，開始能夠利用這些痛苦記憶做為入口，產生更深層次的自我疼惜和自我支持。當她允許自己哭泣，並且感受這些舊傷帶來的影響時，她啟動了內在的見證者，連結到自己內在的新資源，不再批判自己的反應情緒，而是學會傾聽這些感受，真正的參與其中，並以擁抱一個深愛的孩子般的疼惜心擁抱這些反應。

在學會這麼做之前，她曾經完全崩潰、封閉自己，並顯得退縮。但現在，她很願意面對痛苦而不是逃避，甚至漸漸發現可以藉由觸發反應來解決自己和朋友及社區鄰居間的問題。每當身邊有人對不認同的對象使用貶低或尖刻的言語時，她就會開口指謫，並分享自己的感受，她會說：「你知道，在我的童年時代，做為墨西哥裔生活在一個白人為主的社區裡，我一直接收許多侮辱性的標籤。所以當你這樣說話時，我感到很痛苦。我寧願聽到一些關於你和這個人之間的具體互動內容——他們實際做過或說過的事情，以及對你產生什麼影響，我真的很想知道你的想法和感受。當我聽到『瘋狂』或『無知』這類的標籤時，只是覺得很困擾，我不懂他們做了什麼，讓你要這麼說他們……或者為什麼那會困擾你。」

我認為，麗塔的故事說明了對自身觸發反應追根究柢的探索，是件非常有幫助的事。我們甚至可以藉由周遭世界發生的事情做為起點，讓自己完成更深層次的自我認識、自我疼惜和社區行動。更重要的是，當她學會感受，而不是否認自己的傷痛之後，麗塔對觸發她的朋友和鄰居不再那麼偽善了。她不再封閉自己，只說別人的閒話，而是更有自信和大膽地說出自己的意見。她用自己的方式在自己的社交圈裡成為具有建設性、政治話語權的領導者和鬥士——基於實際發生的事實來分享訊息，而不是訴諸謾罵、影射和羞辱。透過自己的觸發功課，麗塔重新連結自己對這類議題的熱情——使得她的領導力更加引人注目和有成效。

公民不服從

當一個社會需要深刻的結構性變革，而當權者卻否認其中部分群體的基本人權時，公民不服從或走上街頭可能是唯一剩下的選擇。當一個人沒有食物、住所、永續的未來和人身安全時，會產生某種類型的創傷反應。這種類型的創傷與我在本書中討論過的依附型創傷完全不同，但一個頭腦清醒的反應與針對不公正權威而產生的無效反應之間有什麼不同，這樣的辨識力仍然值得重視。

麗塔的故事顯示，當我們丟出煽動性的言辭、負面標籤和模糊概述時，可能會因此毀壞我們的信譽。我相信，我們可以充滿熱情地發言，而不會犧牲批判性思維；我們可以提出一個正義的觀點，而不必自以為是；我們可以用憤怒來阻止一些需要中斷的事，卻不會因此憤怒到讓我們誤入歧途，或導致他人觸發而做出危險行為。如果我們練習本書中建議的內在功課，就更能覺察自己何時開始判斷錯誤、變得具煽動性、自以為是或一直進行不必要的重複。如果我們需要領導或組織任何形式的公民不服從運動，那麼更有必要使用那些會讓我們成為優良領導者的工具。我們主要的力量存在於我們言辭的合法性、呼籲行動的誠意、用言辭描繪清晰畫面的能力，以及指出現實中不同選項的能力（而不是從觸發反應和煽動混亂的角度說話）。我們必須明智地使用我們的聲音。

請記住，一個好的領導者的行為是為了促進「整體利益」，我們可能主張改變權力或資源的平衡，但最終目標是讓整個體系更有效地運作——為了每個人。這種全系統觀點的掌握能力，可能會受到那些不了解系統整體相互關聯性的人來挑戰，他們不明白群體中的我們彼此相連。那些人可能會鼓吹分化——先分化再征服，故意挑明一些問題說我們反對他們，不斷刺激我們的杏仁核，達成他們的權力遊戲——因為他們知道這會降低一個人的能力。然而這種分化策略，從來都不是有效的長期戰略。

如果我們處理好內在的觸發功課，就不會那麼容易受到這類操縱和精神控制。當我們對自己的神經系統擁有主權時，那些狡猾的人就不能劫持我們的大腦來實現他們的目標。我們對於實現圓滿的過程有非常深刻的理解，因為我們已經學會平衡自己內在的各個系統，讓那些遭到忽視的部分被看到、聽到、接納和被愛。當我們體現出這種水準的全體系意識時，我們的行為更可能與宇宙實際運作的規律保持一致。因為我們知道，當一個體系考慮到每個人的需求時，就沒有理由彼此害怕。彼此恐懼會導致衝突和混亂，這一點只要透過觀察恐懼如何在我們的神經系統內作用就可以理解。一個「健康」的人類體系——無論是一個人、一對伴侶，還是一個國家，呈現的特徵是各個部分彼此之間有良好、井然有序的溝通交流，這樣才能讓我們做出正確的決定，然而當我們的生存警報總是響著時，各個部分根本無法聽到彼此的聲音。

內在功課如何支持外在工作

另一個來自客戶吉姆的故事，說明了內在功課如何幫助我們，應對這個世界各種悲慘新聞、政治動蕩、經濟衰退、社會不公和其他困難事件引發的觸發反應。

在二〇二〇年COVID-19大流行期間，吉姆被他家人的狀況和美國政府對經濟衰退的反應壓垮。吉姆的成年子女失業了，而自己也無法確保工作是否沒問題。當得知聯邦政府採購案和經濟援助不成比例地給予和政治掛鉤的大公司，而像他這樣的小企業卻被忽視時，他無比憤怒。這對於總是自豪為公平正義挺身而出的吉姆來說，不公平的感覺深深打擊他。事實上，以往的他表達自己對社會不公的憤怒時，有時會太激烈，以至於朋友會告訴他，「我不能再和你討論這個問題了。」然而這一次，吉姆的觸發反應如此強烈，以至於找不到言語來表達自己，他感到不知所措、無助、幾乎癱瘓，當他下班時，唯一想做的就是用食物和電視分散自己的注意力。

吉姆決定做抱持疼惜心的自我探索，並從覺察身體感受開始，每當他想到最近的不公平時，胸口和軀幹都有非常沉重的感覺。他閉上眼睛，注意自己的呼吸，當身體放鬆後，就能啟動內在見證者的好奇心，允許他以雙向的方式——既是見證者，也是被見證的對象去經驗一切。然後他又回到身體的沉重感，讓它在那裡，因為他充分且深沉的呼吸已經打開一個內在空間，容許任何可能出現的狀況。從那個寬敞的內在空間中，觀察到身體的沉重變得更收縮、更緊繃，他仍然帶著好奇心和迎接的態度，突然他注意到這種感覺開始讓他不知所措，所以睜開眼睛，環顧房間一分鐘，站起來，搖晃了幾下手臂，然後再次閉上眼睛，繼續探索。當他看著自己的情緒和感覺不斷移動和變化時，突然感到非常害怕，一段童年記憶浮現，他仍然沒有忘記保持緩慢而充分的呼吸。記憶中，吉姆大約七歲，隔壁房發生了一些狀況，感覺很暴力和失控。他聽到很大的聲響，於是打開門，看到父親向母親扔了一把椅子，而姊姊正試著阻擋，他那小男孩的身體頓時癱瘓了，無法動彈，喉嚨緊縮，以至於他試著說話卻發不出聲音。小吉姆回到臥室躲在被子裡，感到無助和麻木。

當吉姆在情緒層面上與這段創傷記憶導致的恐懼連結的同時，他也能夠保持溫柔，做為見證者的自我能夠抱持疼惜心，為恐懼保留一些空間，而且他仍記得要充分深呼吸。眼淚流下來了，他抽泣了一會兒，任由自己的身體搖晃和顫抖。很快在淚乾了之後，他明白這是悲傷的眼淚——為那個小男孩在這麼小的年紀就必須處理的狀況感到悲傷，為他的制約讓他害怕衝突，而不是以平衡的方式處理衝突感到悲傷，導致現在他處理衝突的方式，不是支配，就是屈服——沒有中間緩和的方式。當人以這種方式處理人際衝突時，就表示他們被觸發了。

吉姆懷抱自己的悲傷、懊悔和溫柔坐著，讓這段歷程中許多片斷慢慢沉澱與融合，直到他同時感到放鬆且恢復精力。他注意到自己的呼吸變得平靜而穩定，胸口和軀幹感覺輕盈且敞開，好像一個重物已經卸下。現在他可以更自由移動和呼吸了。

經歷了這段過程後，吉姆告訴我，他體驗到更多的自信和內心的平靜，雖然非常確定自己會再次被不公正的事件觸發，但願意繼續圍繞這個問題進行自我檢視。當他反思成年的自己對公平正義問題所引發的反應時，意識到自己有一種「不是激動大怒、就是封閉自己」的模式，他對周圍的不公正，不是反應得太用力，就是不夠力。而當他聽到自己使用「力量」這個詞時會特別在意，開始更注意自己如何處理日常生活中圍繞公平而產生的衝突。他問自己：只有當我感到有「力量」和對自己有信心、知道自己占上風時，我才會相信自己嗎？我是否被現今世界面臨的複雜困境壓垮，以至於再也感覺不到力量了？這就是我退縮的原因嗎？為什麼我感到如此被動和昏昏欲睡？我失去挺身而出的能力了嗎？

當他反思自己與原生家庭裡的不公正威權者（他的父親）之間的關係時，意識到自己小時候一直感到無能為力，每當吉姆不知道自己做了什麼或不明白父親希望他用什麼方式做事時，父親都會對他大發雷霆，這會讓他整個人凍結住，不知道該做什麼或說什麼。成年後，吉姆認為自己已經克服了童年那種「我不夠」的感覺，以為自己已經成為一個有「力量」的人——一個更強大、對自己更有信心的人，而且比他父親更有權威。但他現在知道，這種展現力量的需求是要付出代價的，讓他逐漸發展成一種僵化且沒有彈性的人格結構，也就是心理學家所說的「權威性人格」（authoritarian personality）。他否認了那個被父親粗暴的批評和攻擊而嚇壞的自己、否認了那個不知道該怎麼辦的自己，完全背棄了那個蜷縮在被單下的七歲小男孩。然而當他被這個激烈而複雜的世界局勢——一個由強勢、堅不可摧、不公平的權威所控制的世界局勢觸發時，他崩潰了，陷入昏昏欲睡的狀態。

吉姆仍在努力整合自己精神上這些分離的部分，對自己面臨不公平而產生的觸發反應進行內在探索練習，幫助他開展更有效的自省方式。他找到了暫停並與自身觸發反應保持連結的真正價值——讓他與那長期被否認、害怕感到不知所措和無能為力的自己重新建立連結。從現在開始，吉姆已經有能力藉由意識到內在恐懼來緩和自己的力量，這將有助於他學會採取更平衡的方式，也就是自信而謙遜地傳達需求和價值觀。他決定加入一個彼此分享隱藏情感和內在陰影的男性團體，學習承認自己需要幫助或指導。他的僵硬正在放鬆，因為現在的他對於未知感到更安全，這個男性團體是一個很好的環境，讓他可以探索世界情勢，如何將他與以前被否認的恐懼和不安全感連結起來。他知道自己走上了永無止境的旅程。

將觸發當作警鐘

有時我們認為不好的事情卻對我們有益，有時我們需要一些不愉快的東西來震撼我們，讓我們更注意那些沒有意識到的事。在我進行的一些伴侶關係工作中，經常看到一方或雙方認為他們需要被外界的某些狀況當頭棒喝（這裡對他們來說，指的就是艱困的婚姻關係），以便提醒自己內在改變的需要。

我的一個客戶瑞秋，描述了她在探索婚姻挫折時所意識到的事。她回想「當我第一次開始諮詢時，我認為自己和錯誤的人在一起，例如我會想：為什麼我要和一個讓我如此沮喪的人在一起？在那樣的關係中我經常感到如此不被愛和不受保護，但現在我發現責怪他得不到答案。我看到自己許多人格上的防禦機制和恐懼故事，都與童年未經處理的痛苦經歷有關。我太習慣於劃清界線和防衛戒備，對任何事都無法真正感受。我的內心深處有一種自己完全沒有意識到的痛苦，但我對於感覺那種痛苦的恐懼，正在追趕著我」。

「和鮑勃結婚迫使我看到自己是多麼沒有安全感，總是眼睜睜看著並等待有人會讓我失望。這要從他一些粗心大意的舉動開始說起，看到那些會讓我認為**自己對他無關緊要、我不被看見**，然後覺得胸口有收緊和被掐住的感覺。透過諮詢，我學會了與這種感覺待在一起，去感受它，帶著好奇心，看看這種感覺會把我引向何方，最後它帶我發現小時候感到孤單的自己，發現我父母沒時間關心的那個十歲孩子。然而他們養了很多比賽犬，那些狗得到所有的注意力。另外，常常我放學回到家時，都發現媽媽喝得爛醉。最近我學會去愛和關心這個孤獨與受傷的自己，雖然我仍為童年那個沒有滿足需要的自己感到悲傷，但已經感覺現在的我更堅強且更好。現在我對鮑勃大部分的時間都很滿意，我會開口要求自己想要的，這很有幫助，不像以前只是抱怨或離開。」

在瑞秋的案例中，她對丈夫的觸發反應喚醒了自己，讓她意識到被否認或忽視的自己，但同樣的狀況也可能發生，在我們對任何外在事務或世界上發生的事件所產生的觸發反應上。在我培訓心理教練的過程中，看到愈來愈多莫名其妙的情況——從企業逃稅，到司法機構帶偏見的裁決——都促使人意識到自己不想承認的陰影，以及各種隱藏的痛苦。

關於意識到一直以來隱藏著的東西（無意識），有以下三個範例可以參考：

一名婦女發現，每當前總統唐納・川普（Donald John Trump）向挑戰他的記者和官員發表貶低的公開評論時，她就會被觸發。而當她從這個觸發反應開始深入探索自己的感受和記憶時，想起了一段被遺忘的童年事件：當時的她常被自戀的母親虐待和嘲笑。她試著把疼惜心送給這個害怕自己不值得愛、毫無價值的孩童時期的自己時，一股憤怒浮現了。她探索這股憤怒，讓憤怒的自己大聲反抗遭受的虐待，她意識到這股憤怒代表自己內在的保護者，而長久以來被忽視的是一道內在聲音，它在說：「你對待我的方式是錯的，必須停止。」這個聲音知道自己真正需要的是什麼，並有勇氣表達出來，卻被她害怕對母親坦白的恐懼所掩蓋。在進行內在功課之後，首先她與男性的關係發生了變化。成年後，她經常被捲入虐待的關係，但現在她覺得有能力清楚表達自己目前的需求和界限，不再成為任人踐踏的門墊。她發現自己真實的聲音，不再認為總是迎合別人。

一位男性在看到敘述警察暴行的電視新聞時，發現自己被觸發了。透過探索自己的觸發反應，現在他已經能夠承認自己與一個暴力父親一起成長的悲傷。小時候的他從未感到安全，大部分精力和注意力都用在保護自己免受身體傷害。在做抱持疼惜心的自我探索時，他學會利用在電視上看到暴力時產生的反應，做為賦予自己疼惜心的機會，安慰那個心懷恐懼和被認為軟弱的自己，告訴自己那股恐懼是對身體暴力威脅所產生的正常健康反應——特別是當你很小，而另一個人很大的時候。接受自己的恐懼之後，他開始能夠更現實地評估生活中哪些事是真正危險的，而哪些不是，然後可以根據需要採取行動，或者在沒有真正威脅的情況下放手。

一位男性發現自己在川普執政期間，每當共和黨政客重複或不斷捍衛總統傳播的謊言時，自己都會被觸發。當他探索自己的觸發反應時，回憶起童年時期的事件，他酗酒的父親會斥責和貶低他，而他的母親在這種情況下其實可以做些什麼來幫助他，卻只是靜靜在一旁看著。在他處理了這些痛苦的記憶──擁抱、接納和整合自己內在的恐懼者與保護者之後，終於能夠在父母去世前，與他們一起清除怨憤。

以上三個範例說明，當一個人看到自己被世界情勢觸發之後，如果可以持續做內在功課，就能夠發展更有效與他人互動的能力，維護他們的需求和價值觀，並指出錯誤的行為或捍衛他們的信仰。

生命希望我們療癒並變得完整

正如這些故事所顯示，有時我們需要按下按鈕，才能看到自己仍有一些內在的療癒功課要做，也因此才能學會接受和愛那些被我們忽視的部分。情感上的痛苦可以為療癒和有效的行為打開大門，當我們學會對自己的觸發反應保持好奇和開放態度，無論痛苦或不安的感覺會把我們帶到哪裡，都讓我們的注意力追隨它們，針對那些遺失、被拒絕、受傷的自己，以及被壓抑的自我表達和力量，會產生一種嶄新且更富有同理心的關係。透過參與這種自我修復的練習，我們會感到自己有能力面對周圍世界的痛苦現實，不再因為模糊的恐懼和不適而迴避。我們學會體現創造圓滿的過程，這也是我們自然進化的命運。

帶著覺知的美好生命，將帶我們到達圓滿境地，當我們與生命法則——無論我們稱之為上帝、道、神、高靈、本性、智慧設計，還是別的什麼和諧共處時，我們的個人力量就會透過與生命的自然法則融合而放大，也許這正是生命推動我們迎接的一種典範轉移（paradigm shift），起初一切看起來是環環相扣和無法解決的問題，威脅著要擊潰我們，讓我們無法應對，然而進一步檢視卻發現，這竟是可以通往隱藏潛力的大門。

英雄之旅

古老神話中，關於英雄之旅的教導之一是每個人的生命——包括你的生命，都會對創造圓滿有所貢獻。在這一生中，會有許多明槍暗箭向你襲來，而你如何活出生命將會影響整體。神話中英雄的主要任務是利用生命帶來的任何挑戰，完善內在與外在觀看和存在的方式。到了最後，每個人都到達山頂時，可以看見個人的生命與生命本體其實密不可分——我是整體的一部分，而整體也在我之內。英雄實現這個目標的方式，就是進入潛意識的地下世界，學習如何將無意識化為有意識。

如果你的外在生活與你的內在、你所屬的整體脫節，那麼生命就會盡其所能吸引你的注意——通常是在你的外在世界創造痛苦。如果你失去平衡，那是因為生命唯有這麼做才能重新找到恢復平衡的方法；如果你過於浮誇和自我中心（就像工業化國家對自然界的看法一樣），生命會把你縮小到一定程度；如果你像吉姆一樣，試圖讓自己變得過於強硬和自大，否認你害怕、需要幫助和脆弱的一面，生命將向你提出挑戰，讓你跪下。這裡要講的是，讓我們能夠應對當今世界複雜局勢的真正力量和智慧，必須要系統中所有部分都完整投入，包括脆弱的部分。如果某些部分處於斷線狀態、被壓抑、禁止或拒絕，最後產生的行動將收效甚微。

「觸發反應」是生命引導我們關注一直以來被否認部分的一種方式。世界危機也是如此，總是經歷一場危機之後，我們才會開始關注問題。同樣地，唯有當問題變得龐大和複雜，才能讓我們本能轉換另一種方式去看待問題。這裡所指的問題可能是世界性的，如氣候危機和貧窮，或是個人內在問題，如未療癒的個人創傷和情緒壓力。

許多人或多或少的在面對情感痛苦——內在小孩被否認、被忽視、充滿恐懼的痛苦時，整個人癱瘓了。在我一生的工作中，看到許多人在完成療癒傷痛恐懼（包括感到無能為力或失控的恐懼）的內在功課後，發生了真正的轉變。當外部世界的情況讓我們心煩意亂時，生命就會引起我們注意，而當我們習慣利用這樣的煩惱來探索自己的內心世界，擁抱並接受我們在過程中發現的任何不愉快現實時，就擁有更多內在的彈性，可以更快從失望和生氣中反彈。我們不會陷入癱瘓、無所作為或處在觸發反應狀態中，知道如何在面對（內在或外在）真正的痛苦時，保持參與和好奇的態度。有了一套內在功課的技能，我們便知道如何與生命中的明槍暗箭一起工作。在這個混亂的時代，有太多人無法接受**現狀**。面對正在發生的事情時，浪費太多精力計較事情應該或不應該發生，這使得他們無法看見和處理現狀，並依照實際發生的現實加以處理。觸發功課教會我們把注意力和精力放在可以做好的地方，並學會與自己或外在世界陌生且可怕的部分進行自我對話，不再建造保護牆或侵略性的武器庫，而是敞開覺知、充滿好奇，並不斷探索。

那些曾經逃避痛苦真相的人，其實更有興趣了解更多和學習更多；而曾經過度簡化問題、以非黑即白方式看待事物的人，通常更能夠走出來和超越「問題層面」之上，以一種寬廣的視角觀看，而能看見複雜體系中的各部分如何協同運作，並從兩面或多元角度創造解決方案。不過，當中還有許多人沒有意識到，我們是多麼複雜和多面向——直到我們開始探索隱藏在心靈陰影中的自己，挖掘具有不同面向和層次的存在本質。觸發功課就是一條探索的途徑，讓我們能夠擁抱自己的多面性，以及隨之而來的內在和外在力量。原本以為會壓倒我們的東西，最後卻變成了我們的超能力，而這項功課也教會我們如何掌管複雜性——也就是創造一個體系（包括我們內部的自我體系）。在這個體系中，所有部分都可以看到彼此、相互溝通、相互了解和彼此關心。

我們生活在充滿壓力的時代。世界問題比人類思維（以我們目前的意識水準而言）所能理解的更複雜，但生命給了我們解決這種複雜性所需要的東西，就隱藏在自己的潛意識中。那些有勇氣去探索的人，將掌握人類未來的關鍵。

結語

本書中，我希望能讓你打開眼界，看見觸發功課的深奧意義和好處，也希望你已經能夠擁抱那個有時感到渺小和困惑的自己，並透過承認與接納，讓自己內在更強大和更有彈性。否認自己的任何部分，到最後都會讓你變得軟弱，因為當你試圖避免或否認某個痛苦現實時，就失去有效處理痛苦的力量。

我希望你已經看到，美好的生活不一定是無痛的生活，當你願意照顧痛苦的部分而不是迴避時，痛苦就變得容易忍受。

我希望你認識到，把不安情緒歸咎他人，只會阻礙你對自己的傷痛和缺陷負起責任。這些傷痛是你個人英雄旅程的一部分，不是你的錯。傷痛既已出現在你的生命中，就屬於你，責備的態度只會阻礙你學習療癒傷痛所需要知道的一切。

我希望你能更了解小我的意志是如何運作，以免你被一些沒必要保護遮掩的事情——如不確定感、不舒服、覺得軟弱、渴求或不完美等影響。希望你可以了解小我意志如何試圖控制，那些你很難或根本無法控制的事情。我希望你正在學習從你的自動思維習慣中退後一步，並提醒自己，這其實是來自於你試著去應對童年時許多未滿足的需求，也就是我們所說的被制約的頭腦或你的制約習慣。英雄之旅的目的是擺脫童年制約，這樣你就可以根據當下實際發生的狀況，做出成年人的選擇——而不是根據那些你擔心會發生的事情，因為那些都是發生在你小時候且已經過去的事。

我希望你確信，經常暫停、覺知你的內在狀態是一種很好的練習。帶著覺察的休息是很有益處的，即使你沒被觸發，這仍有助於減少觸發的發生。當你把暫停當作日常生活的一部分時，就是給你的神經系統一些平靜的時間，也讓感官有時間變得敞開，創造一個更寬敞、更有洞察力的意識領域——可以一次看清當下更多面向的現實狀況，也可以更清楚看見「事情即將發生」，因此讓你減少遭遇不希望發生的意外。

暫停還可以增強你的自我見證能力。當你能站在一個見證者的立場時，就不再那麼容易被制約的頭腦所困擾，不會反射性認為如果生氣就是自己有問題。從見證者的角度來看，任何感覺都該受到歡迎和擁抱。見證者非常寬大包容，歡迎一切真實，允許你溫柔地擁抱自己的痛苦，同時也知道這個痛苦並不是你的本我。見證者讓你體驗和擁抱情緒痛苦，同時又不認同痛苦。

我們生活在不確定、複雜且讓人難以承受的時代，為了面對眼前的挑戰，人類需要開發和運用更多的潛力，然而阻礙發展的主要原因，就是我們那些很常見但不必要的、對不舒適的恐懼或對改變的抗拒。發展需要努力，那很不舒服，而觸發功課教會我們不要逃避不舒服的感覺。當我們學會擁抱脆弱自己的所有痛苦和恐懼時，自然療癒的過程就啟動了，那將會擴展我們的世界，讓自己在其中可以舒適且有足夠力量處理一切。我們發現可以與那曾被認為是造成所有痛苦的自己之間建立新的關係，因為事實證明，**一直以來不斷否認**，才是我們痛苦的原因。這些全都是來自觸發功課的體認，我們學習到，自己確實有能力應對各種令人感到不適的真相和不希望發生的意外，而這個世界需要更多這樣的人幫忙引領道路。

MI1042

情緒覺察：情緒要上來了，怎麼辦？從觸發到平靜，轉化關係衝突，找回內在安全感

From Triggered to Tranquil: How Self-Compassion and Mindful Presence Can Transform Relationship Conflicts and Heal Childhood Wounds

作　　者❖蘇珊．坎貝爾（Susan Campbell）
譯　　者❖尤可欣
封面設計❖Dinner Illustration
內頁排版❖張彩梅
總　編　輯❖郭寶秀
責任編輯❖林俶萍
協力編輯❖黃怡寧
行　　銷❖許弼善

發　行　人❖凃玉雲
出　　版❖馬可孛羅文化
10483台北市中山區民生東路二段141號5樓
電話：(886)2-25007696
發　　行❖英屬蓋曼群島商家庭傳媒股份有限公司城邦分公司
10483台北市中山區民生東路二段141號11樓
客服服務專線：(886)2-25007718；25007719
24小時傳真專線：(886)2-25001990；25001991
服務時間：週一至週五9:00～12:00；13:00～17:00
劃撥帳號：19863813 戶名：書虫股份有限公司
讀者服務信箱：service@readingclub.com.tw
香港發行所❖城邦（香港）出版集團有限公司
香港灣仔駱克道193號東超商業中心1樓
電話：(852)25086231　傳真：(852)25789337
E-mail：hkcite@biznetvigator.com
馬新發行所❖城邦（馬新）出版集團Cite (M) Sdn Bhd
41, Jalan Radin Anum, Bandar Baru Sri Petaling,
57000 Kuala Lumpur, Malaysia
電話：(603)90563833　傳真：(603)90576622
E-mail：services@cite.my
輸出印刷❖中原造像股份有限公司
初版一刷❖2023年10月
定　　價❖430元（紙書）
定　　價❖301元（電子書）

ISBN：978-626-7356-12-8（平裝）
EISBN：9786267356142（EPUB）

城邦讀書花園
www.cite.com.tw

國家圖書館出版品預行編目（CIP）資料

情緒覺察：情緒要上來了，怎麼辦？從觸發到平靜，轉化關係衝突，找回內在安全感／蘇珊．坎貝爾（Susan Campbell）著；尤可欣譯. -- 初版. -- 臺北市：馬可孛羅文化出版：英屬蓋曼群島商家庭傳媒股份有限公司城邦分公司發行, 2023.10
面；　公分
譯自：From triggered to tranquil: how self-compassion and mindful presence can transform relationship conflicts and heal childhood wounds
ISBN 978-626-7356-12-8（平裝）
1.CST: 情緒管理　2.CST: 心理治療　3.CST: 人際關係
176.5　　112014414